TRALEG KYABGON

A Essência do Budismo

*Introdução à
sua filosofia e prática*

TRADUÇÃO **Paula Rozin**

EDITORA
INTERDEPENDENTE

Copyright © 2001 Traleg Kyabgon Rinpoche
Publicado mediante acordo com a *Shambhala Publications, Inc.* 300 Massachusetts Avenue, Boston, MA 02115 USA

Título original: *The essence of buddhism*

Coordenação editorial
Vítor Barreto

Tradução
Paula Rozin

Revisão técnica
Ana Cristina Lopes

Edição
Francesca Machado

Edição
Joice Costa

Projeto gráfico
Christiane Mello e Karina Lopes

DADOS INTERNACIONAIS DE CATALOGAÇÃO NA PUBLICAÇÃO (CIP)

K99e Kyabgon, Traleg, 1955—.
A essência do budismo: introdução à sua filosofia e prática / Traleg Kyabgon; tradução Paula Rozin. — Teresópolis, RJ: Lúcida Letra, 2022.
216 p.; 23 cm.

ISBN 978-65-86133-40-0

1. Budismo tibetano. 2. Budismo — Filosofia. 3. Budismo — Prática. I. Rozin, Paula. II. Título.

CDU 294.3

Índice para catálogo sistemático:
1. Budismo tibetano   294.3
(Bibliotecária responsável: SABRINA LEAL ARAUJO – CRB 8/10213)

Todos os direitos desta edição são reservados.
© 2022 Editora Lúcida Letra

⁂Lúcida Letra

LUCIDALETRA.COM.BR   EDITORA INTERDEPENDENTE
Tv. Ranulfo Féo, 36 sala - 211 | Várzea - Teresópolis | RJ 25953-650

ESTE LIVRO É DEDICADO À
SUA SANTIDADE DALAI LAMA,
SUA SANTIDADE 16º KARMAPA,
E SUA EMINÊNCIA DRUGPA
THUGSEY RINPOCHE

PREFÁCIO POR SUA SANTIDADE
O 17º KARMAPA, 7

PREFÁCIO POR SOGYAL RINPOCHE, 8

PREFÁCIO, 11

AGRADECIMENTOS, 13

I   FUNDAMENTOS
As Quatro Nobres Verdades e o Nobre Caminho Óctuplo, 15

II   CONDUTA ÉTICA
Fazer o que é verdadeiramente benéfico, 25

III   MEDITAÇÃO
Mudando nossa perspectiva mental, 39

IV   KARMA E RENASCIMENTO
Tudo está relacionado, 49

V   BUDISMO MAHAYANA
Ajudar os outros é ajudar a si mesmo, 54

VI   O CAMINHO DO BODHISATTVA
Meditação e ação caminham juntas, 60

VII   REALIZANDO SABEDORIA E COMPAIXÃO
Bodhichitta e as Paramitas, 69

VIII   O ELO ENTRE SABEDORIA E COMPAIXÃO
A Paramita da Meditação e os Nove Estágios de Shamatha, 78

IX MEDITAÇÃO DO INSIGHT
A Paramita da Sabedoria e a Escola Madhyamaka, 91

X O PAPEL DA MENTE
A Escola Yogachara e a Natureza Búdica, 102

XI PROGRESSO ESPIRITUAL
Os Cinco Caminhos e os Dez Estágios do Bodhisattva, 122

XII BUDIDADE
Os três kayas, 149

XIII SUTRA E TANTRA
Os níveis tântricos de realização, 166

XIV YOGA TANTRA SUPREMO
Tornando-se uma pessoa completa, 177

XV AS SEIS YOGAS DE NAROPA
Lidando com as Emoções Conflitantes, 183

XVI MAHAMUDRA E A NATUREZA DA MENTE
Para além da dualidade, 193

XVII MEDITAÇÃO MAHAMUDRA
Permitindo à mente repousar no seu estado natural, 201

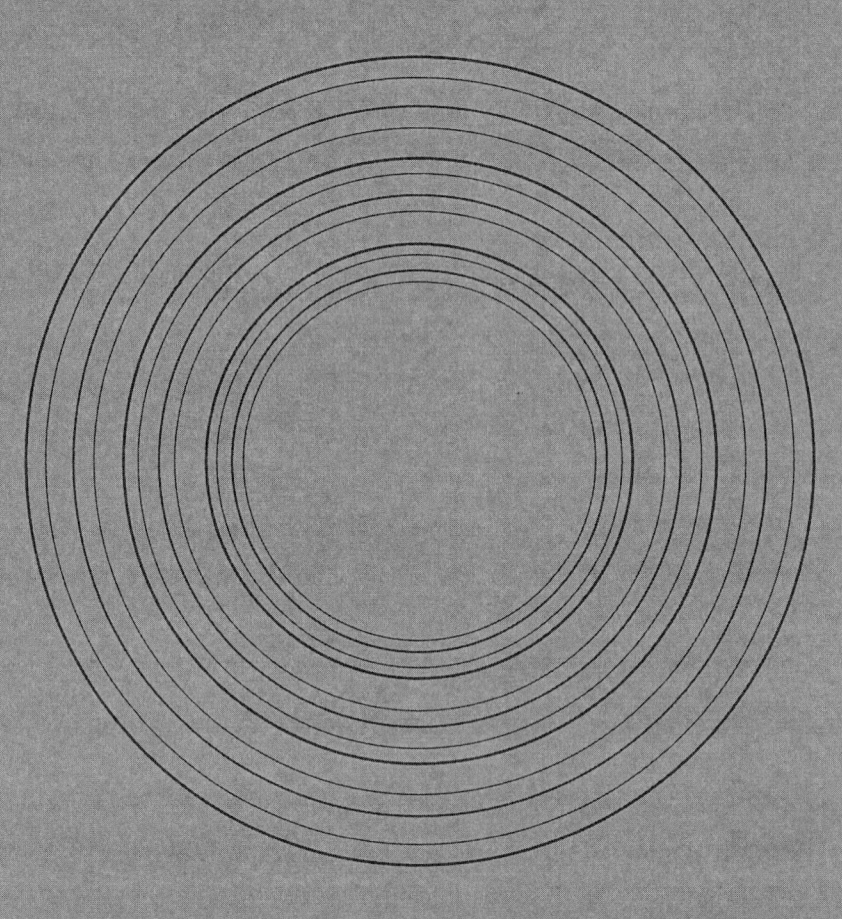

Prefácio de S.S. 17º Karmapa

A tradição incomparável do budismo tibetano desenvolveu-se ao longo de um período de mil anos, produzindo muitos praticantes excelentes que, apesar de frequentes dificuldades, passaram toda a vida focados em práticas intensivas, muitas vezes em áreas remotas. Embora muitas linhagens tenham surgido com esses praticantes, a essência e o fruto de todas essas linhagens de práticas são as mesmas.

Traleg Kyabgon Rinpoche é um lama importante da tradição Kagyü. A linhagem Traleg, da qual ele é a nona encarnação, remonta à Saltong Shogom, um dos "Três Khampas", famosos alunos de Gampopa. Tradicionalmente, esse detentor da linhagem é chefe do grande monastério Karma Kagyü, Thrangu Tashi Chöling, que fica próximo a Jyekundo, em Kham, no Tibete.

Ao escrever este livro, Traleg Kyabgon Rinpoche conseguiu aproveitar sua fluência no inglês e seus muitos anos de experiência ensinando ocidentais. Com isso, ele não só é capaz de se comunicar diretamente com os alunos ocidentais, mas também traz insights valiosos sobre o modo de vida e pensamento ocidentais. Escreveu uma introdução clara à filosofia e prática budista tibetana e destacou questões de interesse específico para os estudantes ocidentais.

Espero que este livro seja de benefício aos praticantes do Dharma que falam inglês, bem como informativo para outros que desejam explorar os ensinamentos do Buddha.

OGYEN TRINLEY DORJE, 17º KARMAPA
MONASTÉRIO GYUTO, DHARAMSALA, ÍNDIA
SETEMBRO DE 2010

Prefácio de Sogyal Rinpoche

Nos últimos cinquenta anos, o estudo e a prática dos ensinamentos do Buddha começaram a florescer em muitas partes do mundo. Mais e mais pessoas, em especial no Ocidente, vêm desenvolvendo um profundo interesse em seguir o caminho budista e estão adotando os ensinamentos de uma forma sincera e genuína.

Quer escolhamos ver o budismo como uma das maiores religiões do mundo, como uma "ciência da mente" ou simplesmente como um modo de vida, é claro que o que ele tem a oferecer é urgente e vitalmente necessário no mundo de hoje — talvez mais do que nunca. Apesar de todos os nossos avanços na ciência e tecnologia, e os benefícios que nos trouxeram, o progresso material por si só não pode garantir felicidade duradoura ou definitiva. Pelo contrário, quanto mais progresso fazemos, mais frustrados, inquietos, agressivos e acelerados parecemos nos tornar. A partir da minha própria experiência de vida e ensino no Ocidente, tenho visto como os ensinamentos do Buddha são práticos e poderosos e que podem nos ajudar com nossos problemas profundamente arraigados. Existe hoje uma ânsia real e crescente por essas ferramentas, para enfrentarmos os desafios da vida, encontrar a felicidade, compreender e transformar a mente.

A sabedoria budista do Tibete é uma experiência viva, que foi transmitida em uma linhagem ininterrupta até os dias atuais. No Tibete, mil e duzentos anos de história foram dedicados quase exclusivamente a uma busca: o treinamento do coração e mente por meio da prática espiritual. Enquanto o Ocidente gradualmente dominava o mundo exterior por meio da ciência e da tecnologia, nos laboratórios que eram os monastérios e eremitérios do Himalaia, o Tibete aperfeiçoava as "ciências interiores" da mente, usando uma metodologia tão precisa e rigorosa quanto a da ciência. Hoje, esses ensinamentos antigos estão trazendo benefícios para inúmeras pessoas e são tidos em mais alta estima por cientistas, filósofos e líderes espirituais.

Não houve um embaixador maior para a tradição budista do Tibete do que Sua Santidade Dalai Lama, que explorou incansavelmente como os ensinamentos podem contribuir para o bem-estar da sociedade.

Vezes sem conta, Sua Santidade enfatizou a importância de unir a sabedoria e a compaixão contidas nos ensinamentos à vida moderna. Ora, se as palavras ditas pelo Buddha há mais de 2500 anos são de benefício real e duradouro ainda hoje, é vital que sejam comunicadas de um modo relevante para as pessoas, sem perder nada do seu poder e autenticidade. Os ensinamentos são extraordinariamente vastos e não é de surpreender que surjam perguntas quando encontramos o Buddhadharma pela primeira vez e quando começamos a seguir o caminho. Sem explicação e esclarecimento, o significado mais profundo dos ensinamentos muitas vezes pode permanecer oculto atrás das palavras e da forma — razão pela qual livros como o que você está segurando em suas mãos são de imenso valor e importância.

Poucas pessoas estão em melhor posição de comunicar a essência da rica cultura budista do Tibete do que Traleg Kyabgon Rinpoche. Tendo recebido sua educação espiritual sob a orientação do 16º Gyalwang Karmapa, Rinpoche passou muitos anos observando a realidade da vida no Ocidente e compartilhando sua profunda compreensão do Dharma com outras pessoas. Neste livro, ele oferece uma visão geral profunda e envolvente do caminho, sob a perspectiva da tradição Kagyü — uma das quatro escolas principais do budismo tibetano. A tradição Kagyü é famosa como a linhagem de prática que deu origem a inúmeros grandes santos e sábios ao longo dos séculos, até os dias atuais. Esta é a linhagem de Milarepa, o grande iogue e santo do Tibete, que alcançou a iluminação em uma vida e cuja história de vida e canções de profundo conhecimento espiritual o tornaram uma inspiração para milhões de praticantes durante quase mil anos.

Começando com as Quatro Nobres Verdades, que fornecem a base para tudo o que o Buddha ensinou, Traleg Rinpoche explica os três yanas, ou "veículos" de ensinamento e prática, conforme apresentados na tradição tibetana. Ao mesmo tempo, oferece orientações e esclarecimentos sobre alguns dos aspectos mais fundamentais dos ensinamentos, antecipando perguntas de seus leitores de modo a não deixar espaço para más interpretações. Ele nos encoraja a examinar algumas crenças arraigadas e suposições culturais que podemos involuntariamente trazer para o caminho budista, e a refletir sobre o que realmente significa ser um praticante espiritual.

Embora este livro seja imenso em seu escopo, Rinpoche não nos deixa perder de vista o ponto principal e o significado definitivo de todos os ensinamentos do Buddha: que é possível chegar à raiz do sofrimento e trazer felicidade duradoura para nós e para os outros; e a única maneira de fazer isso é trabalhar, compreender, domar e transformar a nossa mente. Central para este processo de transformação é a prática da meditação, desde os métodos fundamentais de shamatha e vipashyana até os mais elevados ensinamentos do Mahamudra, que levam diretamente ao reconhecimento da verdadeira natureza da mente, a consciência pura fundamental que está presente em cada um de nós.

Ao apresentar a essência dos ensinamentos do Buddha de uma maneira tão completa e acessível, Traleg Rinpoche oferece um grande serviço a todos que desejam aprender mais sobre o budismo tibetano ou querem aprofundar seus estudos e práticas. Sinto-me muito comovido e grato. E rezo para que quem quer que leia esse livro seja infundido com uma nova compreensão e inspiração, e seja capaz de progredir no caminho da iluminação, rapidamente e sem nenhum obstáculo.

SOGYAL RINPOCHE
FEVEREIRO DE 2010

Prefácio

Pode parecer que não há necessidade de outro livro de introdução ao budismo, uma vez que já existe uma infinidade de bons livros disponíveis no mercado, o que não era o caso há uma década. No entanto, depois de pensar um pouco, fui persuadido de que pode haver espaço para outro livro, um que apresente ao público em geral a forma tibetana de budismo na perspectiva da escola Kagyü, que é a segunda linhagem mais antiga do budismo tibetano. Parece-me que alguns livros introdutórios são muito elementares ou muito eruditos para serem imediatamente acessíveis aos iniciantes no budismo.

Além disso, ainda não vi um livro introdutório acessível, que torne os ensinamentos sobre os três yanas do budismo tibetano facilmente compreensíveis para um estudante totalmente iniciante ou mesmo para os mais experientes. Como escritor, há um dilema sobre até que ponto apresentar detalhes. Tentei manter esse difícil equilíbrio para que o texto não fosse nem muito superficial, nem muito denso e inacessível.

O texto — baseado em ensinamentos que dei na Austrália, Europa e Estados Unidos — está dividido em três partes, cada uma dedicada a um dos três yanas. Os capítulos 1 a 4 apresentam os princípios básicos dos primeiros ensinamentos budistas. Nos três primeiros, os ensinamentos sobre as Quatro Nobres Verdades e o treinamento budista sobre preceitos morais, concentração e sabedoria são discutidos em detalhes. O quarto capítulo é dedicado ao karma e ao renascimento, que é uma característica central dos ensinamentos budistas tibetanos tradicionais.

A segunda parte é dedicada aos ensinamentos Mahayana sútricos e aos ensinamentos Mahayana tântricos. Aqui, lido com os tipos de obstáculos, impedimentos e obscurecimentos que precisamos superar, os meios que empregamos para superá-los e o resultado depois de usarmos esses antídotos.

Isso é apresentado do ponto de vista das descrições sútricas e tântricas do caminho e dos estágios de desenvolvimento espiritual. A parte final é dedicada aos ensinamentos e à meditação, que é vista como a culminação do sistema dos três yanas do ponto de vista da tradição Mahamudra, considerada como indo além do próprio Tantra.

É meu desejo que este livro seja útil para os iniciantes e também para budistas experientes. Em minha mente, se apenas uma pessoa se voltar para o Dharma por ter lido este livro, vou me sentir mais do que amplamente recompensado.

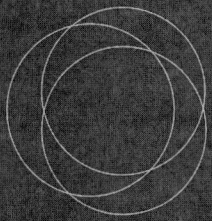

Gostaria de agradecer a todos os meus alunos a quem tive a oportunidade de dar palestras e discutir os tópicos abordados neste livro. Sempre achei que ensinar é a melhor maneira de aprender o Dharma. Ensinar o Buddhadharma é tão benéfico e vantajoso quanto receber os ensinamentos de um mestre vivo. Tudo o que sei sobre o budismo aprendi com Khenpo Sodar e Khenpo Noryang, do monastério Sangngag Chöling, de Darjeeling, na Índia. Gostaria de agradecer a Deirdre Collings e Vyvyan Cayley pela ajuda na preparação deste livro. Também gostaria de agradecer a Samuel Bercholz por sua inspiração e incentivo, e a Kendra Crossen Burroughs por seu excelente trabalho editorial. E gostaria de agradecer a Shambhala Publications por permitir que este livro visse a luz do dia.

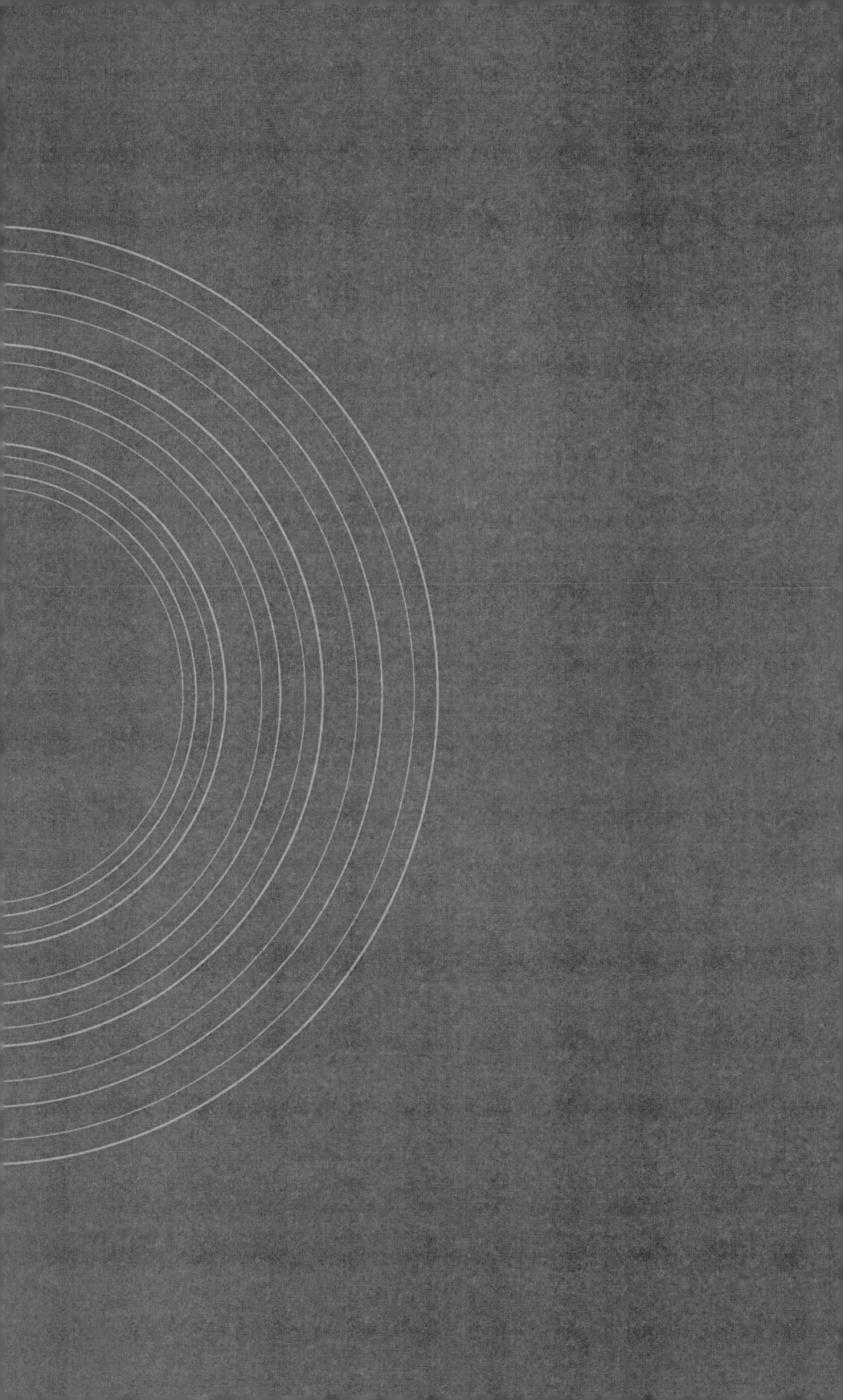

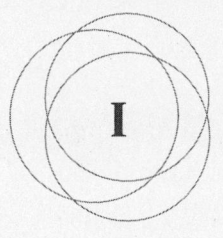

I FUNDAMENTOS

As Quatro Nobres Verdades e o Nobre Caminho Óctuplo

NESTE LIVRO VAMOS EXAMINAR VÁRIOS ASPECTOS DA TRADIÇÃO BUDISTA E, em particular, como o budismo se desenvolveu como filosofia. Com isso poderemos ter uma ideia abrangente do budismo porque o tipo de budismo praticado pelos tibetanos não é baseado em uma escola específica do budismo; em vez disso, tenta incorporar uma variedade de práticas e pensamentos filosóficos de muitas tradições diferentes. Isso é conhecido como a perspectiva dos "três yanas". *Yana* (sânscrito) é o "veículo" espiritual que transporta o indivíduo da condição samsárica para a liberdade do nirvana.

Embora os budistas tibetanos possam enfatizar certos aspectos dos ensinamentos Mahayana, isso não significa que não pratiquem nenhum aspecto da tradição Theravada, como vemos na Tailândia, no Sri Lanka e em outros países. Algumas pessoas acham que o budismo tibetano não tem vínculo ou associação com o budismo praticado nesses países. Mas o budismo tibetano contém elementos de ensinamentos que são encontrados em todas as partes do mundo — por exemplo, podemos até encontrar elementos da tradição zen no budismo tibetano.

O Despertar do Buddha

O Buddha fundou o budismo há cerca de 2500 anos. O que sabemos sobre o Buddha é que ele afirmou ter visto a realidade das coisas e obtido um profundo insight sobre a natureza da condição humana. Ele não alegou ser uma encarnação de um ser superior nem um mensageiro de qualquer tipo.

O Buddha não disse que era um intermediário entre uma realidade superior e os seres humanos. Disse que era um ser humano comum que se dedicou à prática da meditação e foi capaz de purificar sua própria mente, de modo que o insight nasceu dentro dele, permitindo-lhe ver as coisas como são. E também disse que essa habilidade pode ser desenvolvida por qualquer pessoa.

Na época do Buddha, algumas pessoas afirmavam que apenas aqueles indivíduos de determinada posição social e sancionados por um ser divino eram capazes de aspirar a metas religiosas mais elevadas, enquanto outros seres "inferiores" não tinham essa capacidade. Outros diziam que os homens tinham a capacidade de se desenvolver espiritualmente, mas não as mulheres. O Buddha disse que a capacidade de desenvolver a religiosidade não tem nada a ver com a nossa formação social ou cultural, nossa formação religiosa ou mesmo nosso gênero, mas sim está disponível para todos que dedicam tempo e esforço para desenvolver insight. Por essa razão, o Buddha é conhecido como o Iluminado, pois atingir esse insight da natureza das coisas é tornar-se iluminado, e isso é o mesmo que budidade.

A palavra buddha significa literalmente "desperto". Como seres humanos comuns, não somos totalmente despertos, porque nossos pensamentos e comportamentos são condicionados pela ignorância, confusão, equívocos e ausência de insight. Quando a mente é purificada de todas essas impurezas ou poluentes (também referidos como "obscurecimentos"), e a consciência se torna pura e atenta, a pessoa é capaz de perceber a natureza das coisas; e isso é o mesmo que atingir a budidade, ou estado búdico.

Devemos lembrar que o Buddha deu esses ensinamentos dentro do contexto da tradição indiana. Ele rejeitou duas grandes tradições indianas. Uma delas diz respeito aos ensinamentos que vieram dos Upanishads, que enfatizavam a importância de perceber a natureza do eu como sendo idêntica à realidade do mundo. A essência do mundo é percebida como Brahman, o Absoluto, e isso é idêntico à natureza pura do eu, que é Atman. Portanto, o objetivo de um praticante religioso é perceber a identidade de seu próprio eu superior e a realidade do mundo. O Buddha rejeitou isso como sendo uma posição extrema, que ele chamou de posição eternalista ou absolutista.

Ele também rejeitou outra posição extrema, que tinha uma base materialista. Os que acreditavam neste extremo, chamados Ajivikas ou Lokayatas, rejeitavam a existência da consciência e da responsabilidade moral porque acreditavam que somos compostos de cinco elementos que se dissolvem na hora da morte, sem deixar resíduos. Não há nenhuma consciência que persiste depois da morte, e, por não haver nenhuma consciência, não podemos falar de moralidade ou qualquer coisa dessa natureza, uma vez que essas coisas são apenas convenções sociais. O Buddha chamou essas pessoas de niilistas.

Ele disse que os seguidores dos Upanishads, os absolutistas, superestimavam a realidade, postulando a existência de várias coisas que de fato não têm existência alguma. O Buddha disse que não há uma essência ou realidade a ser encontrada, seja no mundo ou na natureza do eu. Essas são construções metafísicas, ficções criadas pela mente humana, mas indisponíveis para a experiência humana.

Ao mesmo tempo, os niilistas subestimavam a realidade ao rejeitar a existência da consciência. Por isso, o Buddha ensinou o que chamou de visão do meio. Em termos de prática, ela é conhecida como o Caminho do Meio. O Buddha percebeu que muitas pessoas ou eram muito negligentes em sua moralidade, ou eram excessivamente indulgentes na gratificação dos sentidos, ou se empenhavam em práticas ascéticas extremas, como a automortificação. De acordo com o Buddha, esses métodos são inadequados para compreender a natureza da realidade. Ele mesmo se envolveu em práticas ascéticas por algum tempo, mas as considerou insuficientes. No entanto, ele enfatizou a importância de ser comedido e moderado, sem cair no extremo da indulgência excessiva.

As Quatro Nobre Verdades
A VERDADE DO SOFRIMENTO

Este ensinamento está contido nas Quatro Nobres Verdades, nas quais Buddha enfatizou que a visão do caminho do meio deve ser cultivada e explicou como praticar o Caminho do Meio. A primeira das Quatro Nobres Verdades é o sofrimento, que é a tradução usual da palavra Páli *dukkha* (em sânscrito *duhkha*). Devemos fazer uma ressalva a essa tradução, dizendo que isso não significa que o Buddha não reconhecia a existência de felicidade ou de contentamento na vida. O que ele queria dizer é que existe felicidade e também tristeza no mundo, mas o motivo pelo qual tudo o que vivenciamos em nossa vida cotidiana é considerado *dukkha* é porque, mesmo quando temos algum tipo de felicidade, ela não é permanente, está sujeita a mudanças. A menos que possamos compreender essa verdade e compreender aquilo que é realmente capaz de nos trazer felicidade, e o que é incapaz de nos proporcionar felicidade, a experiência de insatisfação persistirá.

Normalmente pensamos que nossa felicidade depende de circunstâncias e situações externas, e não de nossa atitude interior em relação às coisas ou à vida em geral. O Buddha dizia que a insatisfação faz parte da vida, mesmo se estivermos buscando a felicidade e mesmo se conseguirmos encontrar a felicidade temporária. O próprio fato de ser temporária significa que mais cedo ou mais tarde a felicidade vai passar. Por isso, o Buddha disse que, a menos que entendamos isso e vejamos o quão generalizada é a insatisfação, ou *dukkha*, é impossível começarmos a procurar a verdadeira felicidade.

De acordo com o Buddha, mesmo quando pensamos que estamos tentando encontrar a verdadeira felicidade, não o fazemos de forma eficaz, pois não temos a atitude correta e não sabemos onde procurar. O Buddha não era contra a felicidade; pelo contrário, ele nos deu um método para descobrir como superar esse sentido de insatisfação, e esse método faz parte da última Nobre Verdade. Chegaremos a ele daqui a algumas páginas.

A chave para compreender a verdade do sofrimento é o que Buddha chamou de "três marcas" de tudo o que existe. Todos os fenômenos condicionados[1], disse ele, são permeados por essas três marcas: impermanência *(anitya)*, insatisfação ou sofrimento *(dukkha)* e insubstancialidade *(anatman*, "não eu"). De acordo com o Buddha, se não entendemos como os fenômenos condicionados são caracterizados por esses três aspectos, não seremos capazes de compreender a primeira Nobre Verdade. Podemos fazer de tudo para evitar enfrentar o fato de que tudo é contingente e transitório — podemos tentar nos esconder desse fato e podemos até desenvolver todos os tipos de teorias metafísicas de uma realidade imutável, permanente e substancial, para evitar esta natureza onipresente da efemeridade. Além disso, se não entendermos que os fenômenos condicionados são insatisfatórios, não pensaremos em conter os excessos das gratificações dos sentidos, o que nos faz perder nosso centro e ficar imersos em preocupações mundanas, de modo que nossa vida passa a ser governada pela ganância, pelo desejo e pelo apego. Todas essas coisas perturbam a mente. Se não entendemos que tudo é insubstancial — *anatman* —, podemos acreditar que existe algum tipo de essência ou substância duradoura nas coisas ou na personalidade, e por causa dessa crença geramos ilusão e confusão na mente.

A ORIGEM DO SOFRIMENTO

A segunda Nobre Verdade é a origem do sofrimento, o que significa que uma vez que percebemos que existe sofrimento ou insatisfação, temos que descobrir de onde vem esse sofrimento:

---

[1]. "Fenômenos condicionados" (Sânsc. samskrita; Páli sankhate) significa que tudo o que existe é mutuamente condicionado devido a causas e condições: as coisas passam a existir, persistem por algum tempo e depois se desintegram, sugerindo assim a natureza impermanente do mundo empírico.

ele se origina dentro de nós, ou vem de algum tipo de situação ou condição externa? O Buddha disse que, quando começamos a nos examinar e ver como respondemos às situações, como agimos no mundo, como nos sentimos em relação às coisas, percebemos que a causa do sofrimento está dentro de nós. Isso não quer dizer que as condições sociais ou econômicas externas não criem sofrimento; mas o principal sofrimento que nos aflige é criado pela nossa própria mente e pelas nossas próprias atitudes.

O Buddha disse que, se quisermos superar a insatisfação, que está intimamente ligada à nossa experiência de sofrimento, temos que lidar com o anseio, a avidez, o apego e a fixação — todas essas formas exageradas de desejo. Hoje em dia, algumas pessoas pensam que os budistas incentivam a ideia de erradicar totalmente o desejo, mas não foi isso o que o Buddha disse. Ele disse que devemos tentar superar as formas excessivas e exageradas do desejo, que se manifestam como avidez, apego e assim por diante, porque elas pioram a nossa condição, aumentando nosso sentimento de insatisfação e descontentamento. São os tipos de desejo mais obsessivos que Buddha disse que devemos superar. Enquanto tivermos essas formas intensas de desejo, elas sempre serão acompanhadas por aversão, ódio, ressentimento e coisas do tipo, pois, quando não podemos conseguir o que queremos, ficamos frustrados, com raiva e ressentidos. Ou, se encontrarmos obstáculos no caminho de satisfazer nosso desejo, queremos eliminá-los, erradicá-los ou combatê-los. Podemos até recorrer à violência e tramoias para satisfazer nossa ganância e desejo. Por isso, o Buddha disse que precisamos lidar com essas formas extremas de desejos; mas não devemos ter como objetivo erradicar totalmente o desejo, pois também podemos usar o desejo de maneiras positivas. (Veremos isso mais tarde.)

O OBJETIVO: A CESSAÇÃO DO SOFRIMENTO

A terceira nobre verdade é o objetivo. Primeiro descobrimos sobre a condição humana, como ela é permeada por um sentimento de insatisfação; então olhamos para a causa dessa insatisfação e, depois, olhamos para o objetivo, que é a realização do *nirvana*. Algumas pessoas pensam que o nirvana é algum tipo de realidade absoluta transcendente e sobrenatural. Mas o Buddha disse que é possível atingir o nirvana enquanto ainda se vive neste mundo: isso é chamado de "nirvana com resíduos". Também se pode atingir o nirvana no momento da morte, que é chamado de "nirvana sem resíduos". Portanto, é possível atingir o nirvana nesta vida mesmo. Atingir o nirvana significa que a mente não é mais afligida pela ilusão e pelas aflições emocionais. A mente se torna serena, e a experiência da felicidade não depende mais de situações e circunstâncias externas. Portanto, a reação às coisas é menos extremada, e a pessoa é capaz de manter uma sensação de tranquilidade e paz, mesmo quando confrontada por circunstâncias adversas.

Isso ocorre porque aquele que atingiu o nirvana superou as três ilusões básicas de atração, aversão e ignorância. Quando a mente não é mais governada por reações emocionais intensas de atração e aversão, podemos estar em paz e tranquilos, mesmo quando as coisas não estão indo bem. Mantemos um sentido de serenidade e enfrentamos as coisas com coragem.

O CAMINHO: A SAÍDA DO SOFRIMENTO

Tendo percebido que esse é o objetivo — alcançar uma felicidade permanente que não seja baseada em condições externas mutáveis —, precisamos descobrir como podemos nos dedicar, a fim de alcançar esse objetivo. É isso que a Quarta Nobre Verdade explica. A Quarta Nobre Verdade é o caminho, e essa é a essência da prática budista. Conhecido como o Nobre Caminho Óctuplo, ele é orientado para o desenvolvimento de três coisas em um indivíduo: sensibilidade moral, meditação ou a mente concentrada, e sabedoria. Por meio da prática da sensibilidade moral, nos tornamos indivíduos melhores, capazes de superar nossas tendências egocêntricas. Nos tornamos mais compassivos e mais sensíveis às necessidades dos outros. Por meio da prática da meditação, nossa mente se torna mais focada, mais resiliente e mais consciente, o que por sua vez dá origem à sabedoria.

O Nobre Caminho Óctuplo consiste em Entendimento Correto, Pensamento Correto, Fala Correta, Ação Correta, Meio de Vida Correto, Esforço Correto, Atenção Plena Correta e Concentração Correta. As duas primeiras verdades do Entendimento Correto e do Pensamento Correto correspondem ao desenvolvimento da sabedoria. A Fala Correta, a Ação Correta e o Meio de Vida Correto desenvolvem nossa sensibilidade moral. Os três últimos — Esforço Correto, Atenção Plena Correta e Concentração Correta — estimulam nossas capacidades meditativas.

Entendimento Correto significa compreender a visão budista, que, como vimos, é a visão do meio entre o eternalismo e o niilismo. Como o Buddha disse, saber como o mundo surge devido a causas e condições nos permite não cair no extremo do niilismo. O outro aspecto da visão do meio é saber como tudo cessa quando as causas e condições cessam. Portanto, não caímos no extremo da visão substancialista, essencialista ou eternalista, porque percebemos que, embora as coisas venham a existir por meio de causas e condições, nada do que existe no plano físico ou mental perdura quando essas causas e condições não estão mais presentes.

O Pensamento Correto está associado a ver como nossos pensamentos e emoções estão intimamente ligados, e como se entregar a formas negativas de pensamento leva ao desenvolvimento de emoções negativas, como ódio e inveja. Por outro lado, pensar de forma positiva tem um efeito sobre nossas emoções, por meio do qual começamos a nos tornar mais amorosos, mais atenciosos e mais sensíveis aos outros.

A Fala Correta significa que se não estamos conscientes — como normalmente não estamos —, logo não sabemos o que estamos dizendo ou fazendo. Inadvertidamente, nos permitimos todos os tipos de formas negativas da fala, como mentira, calúnia, fala arrogante e fofoca. É importante tomar consciência da nossa fala, porque o que dizemos e como dizemos influencia diretamente o tipo de pessoa que nos tornamos. Se sempre usamos palavras ásperas, naturalmente nos tornamos muito agressivos.

A Ação Correta está relacionada a ver como o que fazemos é benéfico ou prejudicial para nós mesmos e para os outros. Isso envolve o desenvolvimento de *habilidades* na maneira como agimos no mundo. Em vez de pensarmos que já sabemos muito claramente o que é certo e errado fazer, é importante olharmos de perto para a maneira como agimos. Não devemos simplesmente confiar em algumas regras pré-estabelecidas ou normas sociais. Em vez disso, devemos ver como nós, enquanto indivíduos, agimos no mundo e quais são os efeitos das nossas ações sobre nós mesmos, sobre o meio ambiente e as outras pessoas.

Com relação ao Meio de Vida Correto, o Buddha disse que não há nada de errado em ganhar dinheiro e cuidar da família, mas devemos saber como ganhar a vida de uma maneira que não cause danos aos outros ou a nós mesmos. Assim, por exemplo, não nos envolvemos em um trabalho que implique em crueldade para com os animais ou seres humanos, nem que nos obrigue a usar de tramoias ou infligir dor física ou mental aos outros. Se essas coisas estiverem envolvidas, devemos desistir dessa forma de ganhar a vida.

O Esforço Correto tem quatro aspectos. O primeiro esforço tem a ver com prevenção: fazer um esforço por meio da meditação para garantir que a pessoa não se entregue a pensamentos e emoções prejudiciais, tentando evitar que estes surjam na mente. Os pensamentos prejudiciais se originam do apego, da aversão e da ignorância. O segundo esforço é reduzir os pensamentos e emoções prejudiciais que já surgiram na mente. O terceiro esforço é desenvolver pensamentos e emoções saudáveis, e isso também é feito na meditação. Mesmo que ainda não estejam presentes, devemos fazer um esforço para despertá-los. O quarto esforço é cultivar ainda mais os pensamentos e emoções saudáveis que já surgiram na mente.

A Atenção Plena Correta está associada a nos tornarmos mais atentos aos nossos pensamentos, emoções, sentimentos, fala e comportamento na meditação. Não importa qual seja a nossa experiência, nos tornamos mais conscientes e mais atentos a ela, de modo a obter mais insights sobre o funcionamento da mente e de como a mente influencia nossas ações na vida cotidiana.

A Concentração Correta também se desenvolve a partir da meditação. A mente fica mais focada e menos distraída. Mesmo quando estamos ouvindo, vendo ou pensando em algo, a mente não se distrai, mas ainda é capaz de manter um estado de concentração.

Esse é o Nobre Caminho Óctuplo, que conduz o indivíduo desta condição de *samsara*[2] para a realização do *nirvana*, ou iluminação. Como podemos ver, as Quatro Nobres Verdades são descritivas e prescritivas. Elas descrevem a condição em que estamos — que tipo de condições prevalecem e quais são os problemas. Elas também prescrevem como melhorar nossa situação, eliminar nosso sentimento de insatisfação e alcançar a iluminação seguindo o Nobre Caminho Óctuplo e seu treinamento em moralidade, meditação e sabedoria.

Como disse, as Quatro Nobres Verdades são a essência de todos os ensinamentos do Buddha. Sem entendê-las, não podemos prosseguir. Todas as interpretações posteriores dos ensinamentos budistas originais são baseadas na compreensão das Quatro Nobres Verdades. Pode haver diferentes maneiras de entender como podemos treinar em meditação, sabedoria ou moralidade, mas não há discordância em termos da importância do entendimento das Quatro Nobres Verdades. Todas as outras práticas são baseadas ou elaboradas a partir desses ensinamentos fundamentais do budismo.

---

2. Samsara (sânscrito) é a existência cíclica, na qual — devido às influências corruptoras das delusões mentais de ódio, desejo e ignorância — os seres sencientes são compelidos a vagar de uma forma de vida para outra sem trégua, até que encontrem um caminho espiritual.

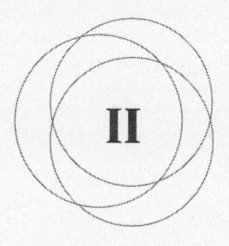

II CONDUTA ÉTICA
*Fazer o que é
Verdadeiramente Benéfico*

DO PONTO DE VISTA BUDISTA, O OBJETIVO FINAL DE UM PRATI-CANTE ESPIRITUAL É ATINGIR a realização ou autoconhecimento, atingir seu pleno potencial. Isso é equiparado à budidade ou iluminação. Por isso, para um budista, é muito importante compreender a condição imediata em que nos encontramos e as experiências que temos. Quando olhamos à nossa volta, vemos que os seres vivenciam muito sofrimento de diversas formas.

Não precisamos ir muito longe para encontrar sofrimento. Cada vez que ligamos a televisão vemos sofrimento: no Oriente Médio, na Ásia e na África, na América. O sofrimento é endêmico à condição humana. Mas, quando falamos em sofrimento nos termos budistas, não nos referimos simplesmente ao sofrimento que podemos identificar e rotular como sofrimento real. Esse tipo de sofrimento é óbvio, tais como atrocidades e opressão, regimes repressivos que torturam pessoas inocentes e coisas do gênero.

Quando falam em sofrimento, os budistas se referem a outros tipos de sofrimento também — experiências que pensamos não ser sofrimento, mas sim felicidade, o objetivo final que deveríamos nos esforçar para obter. Quando falamos de *dukkha*, estamos falando de uma sensação de insatisfação que abrange toda uma gama de experiências humanas.

Três Tipos de Sofrimento

Do ponto de vista budista, o sofrimento pode ser experimentado em três níveis diferentes. Primeiro é o sofrimento da dor (*dukkha-dukkhata*). Esse é o tipo de sofrimento evidente da guerra, da fome, da opressão política, da injustiça e coisas do gênero.

Depois, temos o sofrimento da mudança (*viparinama-dukkhata*). Esse é o tipo de sofrimento que em geral pensamos não ser um sofrimento real. Você talvez pense: "Puxa, ultimamente tenho tido muito estresse no trabalho, mas vou tirar férias, vou me divertir e voltarei a ser muito feliz". Então você sai de férias e acaba discutindo com seu parceiro, ou, tem problemas para reservar as passagens aéreas; ou quando chega, sua bagagem pode ter sido extraviada e você não consegue recuperá-la. Você pode ter todos os tipos de experiências impossíveis de prever, de modo que o que é inicialmente prazeroso pode se transformar em uma forma de sofrimento. Esse é o sofrimento da mudança.

A última forma de sofrimento é conhecida como sofrimento da existência condicionada (*samsara-dukkhata*), o que significa que apenas pelo fato de sermos humanos ou estarmos vivos, somos um produto de causas e condições. Quando nascemos, sofremos o trauma do nascimento; quando crescemos, temos todos os tipos de problemas associados à adolescência; depois, temos problemas associados à idade adulta e, finalmente, à velhice, ao enfraquecimento do corpo. Vivenciamos sofrimento, dor e doença e, por fim, morremos e esse é o fim da história. Essa é a condição humana, é com isso que temos que lidar.

No Ocidente, dizem que o budismo é pessimista porque se concentra muito no sofrimento. Mas, na verdade, não é pessimista: é realista. A verdade do sofrimento não precisa nos fazer sentir pessimistas e desanimados. Podemos entendê-la. Temos que ser capazes de enfrentar as experiências e situações desagradáveis, a realidade das coisas, os fatos como eles são. Essa é a verdadeira preocupação do budismo; porque, se não formos capazes de fazer isso, teremos a tentação de pensar que algo que não é a fonte da felicidade é a única coisa que nos trará felicidade. (Vou explicar o que isso significa em breve.)

Quando entendemos que há sofrimento no mundo, devemos primeiramente identificar a origem desse sofrimento. O sofrimento vem de dentro, da mente. Isso é extremamente importante, porque muitos já tentaram entender qual é a causa do sofrimento. Algumas pessoas dizem que é por causa do nosso pecado, outras dizem que é porque nos afastamos de Deus ou porque desobedecemos a Deus. Outros ainda dizem que tem a ver com nossas estruturas sociais, nosso sistema econômico, a repressão dos instintos sexuais, traumas de infância ou alienação.

Do ponto de vista budista, essas são apenas causas intermediárias do nosso sofrimento, e não a causa real, que é a ignorância: não saber o que é benéfico e o que não é; não saber o que realmente produzirá nossa felicidade e o que aumentará nossa infelicidade e sofrimento. Falta de conhecimento, ausência de insight — essa é a verdadeira causa.

Por isso, temos que olhar para dentro. Isso não significa que devamos desconsiderar a injustiça e a repressão que ocorrem no mundo, mas devemos sempre olhar para essas coisas como reflexos de nós mesmos e do que está acontecendo na nossa própria mente. O que acontece no mundo externo reflete o que está acontecendo na mente de cada ser humano. Podemos culpar uma grande empresa por ser gananciosa, por explorar um país do Terceiro Mundo e coisas assim, mas isso pode não ser muito diferente de pequenos empresários que fazem exatamente a mesma coisa com seus funcionários.

Nos países do Terceiro Mundo, as pessoas podem olhar para os chamados países do Primeiro Mundo com um sentimento de inveja ou hostilidade, ou mesmo com algum respeito, uma mistura de sentimentos. Da mesma forma, podemos olhar para as pessoas que são bem-sucedidas, que são milionárias, e sentir uma sensação de inveja, e também uma sensação de respeito pelo fato de terem alcançado algo que não conseguimos. É muito fácil projetar todas essas coisas nos outros e pensar que o que está errado é que a sociedade não está funcionando bem, ou que as grandes corporações estão fazendo coisas terríveis. Nessa forma de pensar, sempre há alguém para culpar, sem ver como a situação surgiu em primeiro lugar. Sociedades e grandes corporações não são entidades amorfas, mas sim são constituídas por um conjunto de indivíduos como nós. Para os budistas, não foi Deus quem criou o mundo, mas a nossa própria mente. A mente é a única responsável por todas as nossas experiências: alegria, felicidade, dor, sofrimento. Isso não acontece apenas em termos da nossa experiência; a mente também fabrica o tipo de mundo em que vivemos. O mundo em que vivemos é criado pela nossa mente.

É muito importante para um budista entender como a mente funciona, e é por esse motivo que a prática da meditação é tão importante para os budistas. Não se trata de criar um estado mais próximo de uma realidade maior, ou alguma realidade espiritual que seja independente da nossa mente. A meditação tem a ver com uma maior compreensão de nós mesmos. Muitos dos nossos problemas surgem precisamente porque não compreendemos a nós mesmos, não temos autoconhecimento, não temos nenhum insight sobre nós mesmos. Isso é devido à ignorância, chamada de *avidya* em sânscrito. Para descobrir como a mente funciona, temos que ver que tipo de coisas promovem nossa felicidade e que tipo de coisas aumentam nossa dor e sofrimento.

A Busca da Felicidade

Normalmente pensamos que fazer isso, aquilo e mais aquilo nos trará felicidade. Pensamos: "Quando eu for reconhecido pelos meus amigos, se eles gostarem de mim, vou ser feliz; se eu me casar, tiver filhos e um parceiro amoroso que cuidará de mim, serei mais feliz ainda; se eu não tiver que trabalhar tanto, mas tiver muito dinheiro, minha felicidade será muito maior".

Essa linha de pensamento é interminável. Se você é baixo, você acha que se fosse alto, seria muito feliz; ou se fosse magro, então seria mais feliz ainda. Se tem um nariz comprido, acha que um nariz menor seria maravilhoso; ou se você é careca, acha que deveria ter cabelo. Essas crenças contêm um elemento de verdade. Os budistas concordam que se você fosse mais saudável, certamente seria mais feliz. Se você tivesse uma família que o apoiasse, seria muito mais feliz.

Mas o problema é que essas coisas apenas produzem a felicidade temporária, não a felicidade duradoura. Como budistas, nosso objetivo não deve ser apenas alcançar a felicidade temporária. Os budistas não dizem que não existe felicidade, ou que não importa o que você faça, tudo é sofrimento, sofrimento e mais sofrimento. Porém, deveríamos ter uma perspectiva correta sobre a nossa vida, ou seja, devemos tentar alcançar a felicidade duradoura.

Quando dependemos da felicidade temporária, estamos investindo muito em algo que é cheio de incertezas. Se dependemos demais do nosso trabalho, podemos passar vinte anos trabalhando para uma determinada empresa, e investimos tanto nisso que toda a nossa percepção de nós mesmos é moldada pelo trabalho que fazemos para essa empresa e pelo tipo de aquisições que somos capazes de realizar como resultado desse trabalho.

Então, um dia, somos despedidos e, de repente, toda a nossa realidade desmorona e temos vontade de cometer suicídio. Isso realmente acontece com algumas pessoas. O budismo diz que devemos colocar nossas prioridades em ordem. Para obter felicidade, devemos ter paz interior. Não é possível obter felicidade real e duradoura a partir de uma fonte externa. Isso não significa que não podemos ter felicidade com base em circunstâncias e situações externas, mas a felicidade real e duradoura deve vir de dentro. Quando nos tornamos muito dependentes das circunstâncias e situações externas, nós nos perdemos nelas. Em vez de consolidarmos nossa identidade, em vez de nos encontrarmos, nos perdemos. Todos sabemos disso. Conhecemos uma pessoa que passou muitos e muitos anos no mesmo ambiente de trabalho e, de repente, pensa: "Espere um pouco, o que estou fazendo? Não fiz nada com a minha vida". Ou pessoas que criaram filhos por vinte ou trinta anos, sempre fazendo coisas para a família, para as crianças. De repente, a mãe pode dizer: "Olha só, não fiz nada para descobrir quem sou, o que é ser eu mesma". Podemos ficar completamente perdidos, em vez de nos encontrarmos. Normalmente, nossa identidade é quase exclusivamente condicionada pelo tipo de credenciais que temos, que escola frequentamos, que tipo de educação tivemos, que diplomas temos, que tipo de família temos, em que bairro moramos, que carro nós temos. O budismo diz que não devemos confiar muito nessas coisas, porque o carro pode ser tomado de volta pelo financiador ou nosso negócio pode falir. Tudo pode acontecer. Seu cônjuge pode ter um amante, quem sabe? É claro que, com certeza, devemos aspirar à excelência no nosso trabalho e na criação dos filhos e em tudo o mais, mas devemos manter as coisas em perspectiva e não esperar mais do que elas podem nos trazer.

Tendo percebido isso, podemos passar a considerar o caminho budista como um meio de superar esse problema. Como vimos, o Nobre Caminho Óctuplo consiste em treinamento em moralidade (*shila*), meditação (*samadhi*) e sabedoria (*prajna*). Esses três treinamentos basicamente nos permitem mudar nosso comportamento, bem como nossa maneira de pensar e viver. Vamos começar nos concentrando no treinamento em moralidade, ou *shila*.

Treinamento em Moralidade (Shila)

Quando falamos sobre moralidade, normalmente pensamos em dever ou obrigação, mas a moralidade budista está essencialmente preocupada com o que é benéfico (*kusala*) versus o que é prejudicial (*akusala*). Devemos julgar nossas ações em relação a estarmos beneficiando a nós mesmos e aos outros, ou prejudicando a nós mesmos e aos outros. A moralidade budista é baseada na experiência humana. Não faz referência a um ser sobrenatural. Não precisamos ter o conceito de uma divindade ou Deus para ter um conceito de moralidade, ou para apreciar a importância da moralidade.

Algumas pessoas acham que, se não acreditássemos em Deus, tudo seria permitido. Por outro lado, essas mesmas pessoas dizem que Deus tem sua própria lei, distinta da lei humana. A lei ou a moralidade pertencente aos seres humanos não tem nenhuma relevância quando se trata do que Deus deseja fazer, caso em que essa lei e moralidade humanas tornam-se arbitrárias. Esse debate filosófico remonta a Platão, que indagou: algo é bom porque Deus disse que é bom, ou é bom independentemente de Deus? Se for bom independentemente de Deus, então não tem nada a ver com Deus; mas se for bom apenas porque Deus disse, isso significa que é totalmente arbitrário.

De acordo com o budismo, uma ação é boa porque é boa em si mesma, não porque Deus decretou que fosse. Meu ponto aqui é que a moralidade budista não se baseia em nenhuma base teológica. O que é uma boa ação ou má ação é determinado apenas por um critério moral, não teológico, e não há necessidade de justificativas teológicas.

Para os budistas, uma ação é moralmente errada precisamente porque causa sofrimento a outras pessoas ou a um grande número de seres sencientes. Portanto, levar uma vida moral não é ser uma pessoa obediente ou se conformar a uma lei ou norma pré-estabelecida. O Buddha disse que a moralidade deve ser vista como uma experiência libertadora. Em vez de ser uma força constritiva que exige que "deverás fazer isso" ou "não farás aquilo", a moralidade é uma influência libertadora, pois pode aumentar o nosso bem-estar.

Freud, que foi criado na tradição judaica, pensava que o conflito entre id e superego significava que o id quer fazer coisas desagradáveis e o superego diz: "não, você não pode". Não estamos pensando desse modo. Em vez de criar mais conflito entre o que queremos fazer e o que temos permissão para fazer, descobrimos que o que *devemos* fazer se tornará o que *queremos* fazer.

Buddha disse que *shila* é como uma brisa fresca que sopra ao meio-dia ou à tarde em um verão indiano. Essa brisa fresca pode ser muito refrescante. Ele disse que quando começamos a praticar a moralidade dessa maneira, percebemos que a nossa agitação mental, o nosso ressentimento, hostilidade e amargura, na verdade começam a diminuir. Em vez de aumentar nossa agitação mental, pensando "estou do lado do bem e você do lado do mal, então vamos brigar", começamos a nos tornar mais abertos e compreensivos com as pessoas de diferentes culturas e origens. Quando olhamos para a vida não em termos do que é certo e do que é errado, mas em termos do que é benéfico e não é benéfico, podemos ter uma experiência diferente de moralidade.

Outro ponto muito importante é que fazer o que é "certo" nem sempre é benéfico, e fazer o que é "errado" nem sempre é prejudicial. A moralidade budista não é um mundo moral autoimposto a si mesmo. É um processo aberto e temos que usar nosso próprio julgamento na maior parte do tempo, em termos do que é benéfico e do que é prejudicial. Como nos falta sabedoria, é muito difícil prever as consequências das nossas ações. Mas o outro componente da moralidade é a motivação. Se fizermos algo com uma intenção pura, mesmo que, por falta de sabedoria, nossa ação possa ser prejudicial em vez de benéfica, essa ação não é moralmente condenável.

Com esse pano de fundo da ética budista em mente, podemos agora examinar as diretrizes morais que Buddha forneceu a seus seguidores. De quais ações devemos nos abster e quais devemos adotar para ajudar a nós mesmos e aos outros?

As Seis Ações Transcendentes (Paramitas)

Primeiro, examinamos o que o Buddha pensava que deveríamos nos esforçar para obter. Essas ações são chamadas de *paramitas* (tibetano, *pharol tu chimpa*) ou "ações transcendentes". As seis paramitas são mais conhecidas no budismo Mahayana e voltarei a elas mais tarde. No entanto, o budismo antigo também falava sobre as seis paramitas. Essas ações transcendentes não são orientadas para aumentar nossas impurezas ou obscurecimentos, ou para aumentar nosso conflito emocional ou confusões conceituais; são ações que ajudam a aliviar essas coisas.

A primeira é a ação de dar. Além de dar bens materiais aos necessitados, também envolve trabalho social e doações para auxílio emergencial e outras instituições de caridade. Nos países budistas, também tentamos libertar animais em cativeiro, soltando peixes no mar ou comprando aves em cativeiro no mercado e libertando-as, como forma de devolver-lhes a vida. Isso é visto como uma prática muito importante. Os efeitos da ação de dar são importantes não apenas para quem recebe, mas também para quem dá. Quando aprendemos a dar, nos tornamos menos apegados e menos dependentes das nossas posses. É assim que podemos aprender a ser menos ambiciosos e gananciosos.

A segunda prática é a conduta. Conduta significa que assumimos a responsabilidade pelas nossas próprias ações. Assim que algo der errado, em vez de pensar que somos vítimas das circunstâncias ou da educação, da sociedade ou da família, devemos assumir total responsabilidade pelos nossos atos. Na verdade, quando assumimos total responsabilidade pelas nossas ações, nos tornamos uma pessoa plena e começamos a nos sentir livres, porque liberdade e responsabilidade caminham juntas. Quando nos sentimos vítimas, não há liberdade; nos sentimos impotentes, incapacitados. Mas, quando sentimos que somos responsáveis pelas nossas ações, nos sentimos livres — como podemos ser responsáveis por algo, se não temos escolha?

A terceira paramita é a contenção. Ela significa que não devemos ser excessivos nas nossas indulgências ou na busca de prazer. Devemos ter consciência de nós mesmos, para não nos tornarmos viciados no que nos dá prazer, e devemos ser capazes de fazer distinções entre nossas necessidades e nossos desejos. Não devemos ir às compras apenas por comprar, comprar todas aquelas roupas que nunca vamos vestir, ou comprar todos os tipos de aparelhos que nunca vamos usar e acabar ficando endividados. Claro, isso não significa que devemos andar em farrapos ou que não podemos ser ligados em moda ou nos vestir adequadamente.

A quarta prática é a sabedoria. O cultivo da sabedoria envolve a compreensão da impermanência, percebendo que tudo é contingente e sujeito a mudanças. Falaremos sobre isso mais tarde, quando começarmos a falar sobre o treinamento em sabedoria. Muitas pessoas dizem que tudo é impermanente, mas quando os budistas falam de impermanência, eles querem dizer algo mais do que apenas saber que as coisas mudam.

A quinta *paramita* refere-se à energia. Isso significa que devemos ter força de vontade; porque, se não tivermos força de vontade, se sofrermos de fraqueza de vontade, não conseguiremos parar de fazer o que não devemos e não conseguiremos fazer o que devemos. Sem força de vontade, sentimo-nos impotentes para quebrar essa corrente; sentimo-nos dependentes e vítimas das circunstâncias. Assim, é muito importante desenvolver esse sentido de força de vontade ou energia.

A sexta virtude que devemos cultivar é a paciência. Paciência obviamente significa que não devemos buscar gratificação imediata. Devemos dar tempo para que as coisas se desenvolvam e não esperar resultados instantâneos. Não devemos nos precipitar em tudo o que fazemos, não devemos querer que as coisas funcionem em um período de tempo muito curto. É claro que também significa que devemos ter mais tolerância em relação às nossas decepções, contratempos e fracassos. Só porque falhamos não significa que devamos desistir. Devemos persistir de maneira inteligente e descontraída, sem ser insistente ou obcecado.

Cinco Preceitos (Pancha-shila)

Concluímos a lista de coisas que devemos tentar fazer. Agora, vamos brevemente examinar a outra lista de coisas que devemos não fazer, de acordo com as diretrizes morais do Buddha. Falo de "diretrizes morais" porque, de acordo com o Buddha, esses preceitos são apenas diretrizes, não leis rígidas. Devemos tentar mantê-los mais em termos de espírito do que no sentido literal, sem pensar que são invioláveis e fixos.

As coisas que devemos nos abster de fazer são chamadas de *pancha-shila*: *pancha* significa "cinco", *shila* é "conduta". O primeiro preceito é abster-se de prejudicar os seres sencientes. Antes de aprendermos a amar os outros, primeiro temos que aprender a não prejudicar os outros. Não devemos prejudicar nenhum ser senciente, e isso não significa apenas seres humanos, mas também animais e até insetos. Não devemos prejudicá-los desnecessariamente. Em países budistas como o Tibete, quando os fazendeiros têm de matar insetos, eles o fazem com pesar, com sentimento compassivo pelos insetos que matam, em vez de vê-los como pragas destruindo suas fazendas.

Quando os budistas falam sobre *ahimsa*, ou "não causar dano", isso inclui o respeito pelo meio ambiente e pela biosfera. Significa abster-se de prejudicar não apenas os seres sencientes que têm consciência, mas tudo que possa crescer e prosperar e que possa ser adulterado pela interferência humana. Os ensinamentos afirmam que se desenvolvermos amabilidade, até mesmo uma cobra venenosa reagirá a ela. Certa vez, estive em Madhya Pradesh, na Índia Central, onde há um assentamento tibetano. Havia muitas cobras lá. Por causa de sua educação budista, os tibetanos não matavam as cobras, mas os indianos locais as matavam assim que as viam. O que observei foi que os tibetanos podiam caminhar com segurança. Nesse monastério em particular, que na época era um tipo de abrigo temporário, as cobras rastejavam ao longo das vigas. Às vezes, um monge estava meditando e uma cobra vinha rastejando no seu colo. As cobras nunca reagiam de forma agressiva aos monges ou a qualquer um dos tibetanos, mas assim que ouviam as vozes dos indianos, tentavam fugir ou se tornavam muito agressivas. Não sei se elas têm alguma inteligência, ou se ao longo de gerações as cobras daquela área desenvolveram uma sensibilidade biológica a diferentes informações. Seja como for, havia uma diferença clara. De qualquer modo, não prejudicar seres sencientes é obviamente uma coisa boa.

A segunda diretriz diz que devemos nos abster daquilo que não nos é dado. Além de tirar coisas de outras pessoas à força, às vezes tentamos obter o que desejamos por meio de malandragem, tramoia ou bajulação. Por exemplo, se sua avó rica está prestes a morrer, você começa a visitar o asilo com mais frequência, na esperança de que ela lhe deixe algo, talvez até tudo. Todos nós fazemos esse tipo de coisa, suponho. Isso inclui geralmente enganar outra pessoa ou coagir a pessoa a entregar o que você deseja, por meio de ameaça, manipulação e trapaça.

O terceiro preceito é abster-se de má conduta sexual. No budismo, o sexo não é visto como algo ruim ou antinatural em si mesmo. Os budistas leigos podem ter prazer sexual e uma vida sexual normal sem sentir culpa ou medo de punição. Porém, o budismo adverte que se alguém ficar obcecado pelo sexo, como todas as obsessões, isso pode causar enormes danos a si mesmo e aos outros. Mais uma vez, o verdadeiro critério é a extensão de dano que a pessoa está causando, e não o ato sexual propriamente dito. Assim, isso não deve ser interpretado erroneamente como evitar o sexo, ou o que sexo deva acontecer apenas para a procriação. Abstenção de má conduta sexual significa que não devemos nos envolver em atividades sexuais que causem conflito, ressentimento ou mágoa. Por exemplo, se temos casos amorosos e isso causa dor e sofrimento ao nosso parceiro, então esta é uma má conduta sexual e devemos nos abster. Mas fica claro nos ensinamentos budistas que o que é e o que não é aceitável em termos de atividades sexuais e procriadoras varia de cultura para cultura e também de indivíduo para indivíduo. Esses fatores devem ser levados em consideração. Fundamentalmente, significa atividades sexuais que causam danos porque criam mágoa, ressentimento, amargura e decepção.

A quarta atividade da qual devemos nos abster é a fala enganadora. Mentir é um exemplo de fala distorcida, mas existem outros, como espalhar boatos, fofocas, calúnias, difamação, falar mal dos outros. Não é a própria mentira que é o mal, mas o que a mentira ou a fala enganadora podem fazer. Podemos ver o dano que causa. Mas existem exceções. É por isso que eu disse que estas são apenas diretrizes morais, pois alguém pode gerar mais benefícios do que prejuízos ao mentir em algumas circunstâncias excepcionais. A regra geral, entretanto, é que mentir é algo de que devemos nos abster, principalmente quando a mentira vai causar danos.

O quinto preceito é abster-se de álcool e outros intoxicantes. Outra vez, o álcool em si não é o culpado, mas algumas pessoas que bebem álcool são influenciadas por ele de uma forma que é destrutiva para si e para os outros. Sabemos quantos problemas nossas sociedades têm com motoristas bêbados e casos em que pessoas matam seus entes queridos em um estado de torpor alcoólico. O álcool pode prejudicar nosso julgamento e nos levar a perder a consciência, de modo que não podemos nos lembrar do que fizemos quando estávamos bêbados. No *Vinaya* — texto que explica as regras de vida para monges e monjas —, quando o Buddha falou sobre a abstinência de álcool e outras formas de intoxicantes, ele contou uma espécie de parábola. Certo dia, um monge estava mendigando comida quando encontrou uma mulher vendendo bebida alcoólica. Ela ofereceu a ele três opções. A primeira era beber álcool, a segunda era matar uma cabra, e a terceira, fazer sexo com ela. Ele disse: "Não, não posso matar a cabra, um monge budista nunca faria tal coisa. Não posso fazer sexo — sou um monge, sou celibatário. Vou ficar com a bebida". Ele bebeu e, depois que ficou bêbado, matou a cabra e fez sexo com a mulher. O Buddha disse que é por isso que devemos nos abster do álcool, porque pode ter efeitos inesperados em algumas pessoas.

Todas as diretrizes que examinamos até agora são de ordem prática. Elas nos dão diretrizes sobre como viver, que tipo de coisas fazer e do que devemos nos abster a fim de aumentar nosso bem-estar e felicidade — isto é, a felicidade duradoura — e também para tornar a vida dos outros mais fácil. Como podemos ver, no budismo não subscrevemos nenhuma forma de absolutismo moral. Quero dizer que, seja qual for a ação ética que escolhemos, devemos levar em conta a situação e uma variedade de fatores. Não podemos ter noções preconcebidas de certo e errado. Os absolutistas morais podem sentir que sabem o que é certo e errado e, consequentemente, não enfrentarão qualquer forma de dilema moral. O budismo não tem essa visão. Por exemplo, o aborto pode não ser uma coisa boa, mas em certas circunstâncias pode ser mais benéfico fazer um aborto do que não fazê-lo. Se você está morrendo de fome e não tem escolha a não ser roubar um pedaço de pão, provavelmente é mais benéfico roubar esse pão do que pensar "concordo com tal e tal visão religiosa que proíbe o roubo, então prefiro morrer a roubar". Na ética budista, sempre temos que estar cientes de certas exceções. Assim, as paramitas são vistas não como mandamentos morais, mas como diretrizes morais.

III MEDITAÇÃO
Mudando nossa Perspectiva Mental

SEM SABEDORIA E INSIGHT, NUNCA TEREMOS TOTAL AUTOCONFIANÇA NO QUE ESTAMOS FAZENDO. Com maior insight, podemos compreender o que é benéfico e o que é prejudicial. A sabedoria não pode ser desenvolvida ou cultivada sem a prática da meditação, que é a parte mais importante dos ensinamentos budistas. Ela estabelece a ligação entre sabedoria e ética ou conduta moral. É por meio da prática da meditação que descobrimos quais estados mentais, emoções, pensamentos e atitudes são benéficos e quais são prejudiciais a nós mesmos e aos outros, e também como esses estados influenciam nossa interação com outras pessoas e a maneira como vivemos a nossa vida.

Se quisermos mudar nosso comportamento, devemos ter uma compreensão maior da nossa própria mente e precisamos mudar nossas atitudes. Também precisamos mudar a maneira como expressamos nossas emoções. Quando fazemos isso, vemos que pensamentos e emoções negativas devem ser erradicados de modo gradual, não apenas porque são prejudiciais aos outros, mas também porque são bastante prejudiciais a nós mesmos. Essa deve ser a motivação básica para querer superar nossos traços emocionais, atitudes e pensamentos negativos.

Em uma conferência chamada *Mind and Life,* realizada em Dharamsala, na Índia, muitos dos principais cientistas, neurologistas, psiquiatras e outros especialistas se reuniram com professores budistas com o objetivo de trocar informações. Por meio da leitura de certos livros sobre budismo, esses cientistas descobriram semelhanças entre o budismo e sua prática clínica. O que aprenderam era semelhante ao que os budistas afirmam em relação a como nossa perspectiva mental afeta nossa saúde física e bem-estar geral.

Do ponto de vista budista, nosso comportamento moral e atitudes mentais têm influência no nosso bem-estar. Nos abstemos de fazer certas coisas não apenas porque são moralmente erradas, mas porque a abstenção promove o nosso bem-estar. Sentimentos como ressentimento e amargura aos poucos nos tornam fracos, frustrados e infelizes, e não têm qualquer impacto na pessoa a quem dirigimos essas emoções. Possivelmente a outra pessoa foi para algum lugar e está aproveitando um feriado gostoso, enquanto não conseguimos dormir nem comer porque estamos ocupados sofrendo.

Quando vemos como é importante mudar nossa perspectiva mental, precisamos de uma técnica específica para conseguir isso. Essa técnica é a prática da meditação. No budismo, existem dois tipos diferentes de meditação: tranquilidade (*shamatha*) e insight (*vipashyana*).

A Meditação da Tranquilidade (shamatha)

A meditação da tranquilidade nos ensina a nos tornarmos estáveis e calmos, e nos ensina a nos concentrarmos para que a nossa mente não esteja sempre tentando fazer alguma coisa, agarrando-se a isso e àquilo e se tornando dispersa. Aprendemos a focar a nossa mente, ficando centrados. Aprendemos também a estar presentes e a não pensar em nossas conquistas, fracassos, arrependimentos ou culpas do passado, que estão associados a todos os tipos de coisas que poderíamos ter feito ou deixado de fazer. Da mesma forma, aprendemos a não nos determos nem a nos sentirmos ansiosos com o futuro: o que gostaríamos de alcançar, a possibilidade de não atingirmos nossos objetivos, os obstáculos iminentes que antevemos e assim por diante. Podemos aprender como estar no presente e permanecer focados. Se nos entregamos a atividades mentais sem foco, perdemos nossa perspectiva e começamos a reagir às coisas cada vez mais a partir de respostas habituais, e não a partir de uma compreensão clara. Com a prática da meditação, podemos aprender a estar atentos e no presente.

Quando sentamos em meditação e um pensamento ou emoção surge, nós o deixamos ir embora, sem insistir nele. Ao mesmo tempo, não antecipamos os pensamentos ou as emoções que podem vir a surgir. Procuramos nos concentrar, geralmente na respiração. Buscamos não julgar o que surge na mente, mas simplesmente deixamos surgir e se dissipar. À medida que ficamos mais focados e desenvolvemos uma maior capacidade de permanecer em um estado de concentração, os conflitos emocionais que normalmente sentimos começam a diminuir. Quando eles diminuem, abre-se a possibilidade para a sabedoria emergir. Se a mente estiver perturbada e distraída, é impossível desenvolver sabedoria.

OS CINCO IMPEDIMENTOS (NIVARANAS)

Enquanto estamos envolvidos com a meditação da tranquilidade, devemos estar cientes dos cinco impedimentos. O primeiro deles é chamado de *desejo relacionado à gratificação dos sentidos*. Este termo se refere à tendência da mente de sempre se agarrar a algo que a atrai — um pensamento, um objeto visual ou uma determinada emoção. Quando permitimos que a mente se entregue àquilo que a atrai, perdemos nossa concentração. Assim, precisamos aplicar atenção plena e estar cientes de como a mente funciona. Não temos necessariamente que suprimir todas essas coisas que surgem na mente, mas devemos tomar conhecimento delas e ver como a mente se comporta, como automaticamente se agarra a isso e aquilo.

O segundo obstáculo é a *animosidade*. É o oposto do primeiro impedimento, sendo provocado mais pela aversão do que pela atração. Animosidade refere-se a todos os tipos de pensamentos relacionados com querer rejeitar, sentimentos de hostilidade, ressentimento, ódio e amargura. Quando esses surgem, devemos nos atentar para eles, não necessariamente suprimindo-os, mas vendo como eles surgem. Ao mesmo tempo, devemos praticar a meditação da bondade amorosa, que descreverei em breve.

O terceiro impedimento à meditação é a *letargia* e a *sonolência*, que são muito conhecidos por quem medita. Quando esse impedimento está presente, perdemos nosso foco na meditação. Podemos não estar agitados de maneira perceptível, mas não há clareza mental. Gradualmente, ficamos cada vez mais sonolentos e, por fim, adormecemos. Quando isso acontece, em vez de persistir na prática da meditação, é melhor nos reanimarmos, levantar e ir fazer uma caminhada ou lavar o rosto, e depois voltar à meditação.

O quarto impedimento é a *agitação* e a *preocupação*, que se refere a todas as atividades mentais que ocorrem na nossa mente devido à sua natureza agitada. A mente não pode permitir que fiquemos quietos nem por um minuto. Para contrapor esse impedimento, mais uma vez precisamos aplicar atenção plena e ver como a mente se comporta, como ela reage às coisas, e não julgar o que estamos vivenciando. Se estamos experimentando algo "ruim", não devemos pensar que é ruim; se for "bom", não devemos pensar que é bom. Simplesmente atentamos para o que está acontecendo.

O quinto impedimento é chamado *dúvida cética* ou, como alguns traduziram, medo do compromisso. Quando meditamos na presença desse impedimento, temos um sentimento constante de incômodo: "Como posso saber se estou fazendo certo? Como posso saber se isso realmente funciona e não estou apenas perdendo o meu tempo? Como posso saber se o que os ensinamentos budistas dizem é verdade? Como posso saber se o que os professores de meditação me ensinaram é certo e se eles não estão enganados?".

A dúvida cética excessiva não tem nenhum valor e se torna um obstáculo para a meditação. Para trabalhar com esse impedimento, devemos buscar entender melhor o funcionamento da mente por meio da leitura, tentando ampliar nosso conhecimento, em vez de nos entregar a esse estado de dúvida. Por meio da prática da meditação da tranquilidade, começamos a ver como nossas atitudes mentais, emoções e pensamentos criam o tipo de pessoa que somos, nosso caráter e a nossa personalidade. Quando percebemos isso, é possível nos tornarmos pessoas diferentes.

OS QUATRO ESTADOS SUBLIMES (BRAHMAVIHARAS)

Junto com a prática da tranquilidade, o meditante é encorajado a praticar o que é conhecido como os quatro *brahmaviharas*. Alguns tradutores traduziram esse termo como as quatro "virtudes cardeais do budismo", ou como os quatro "estados sublimes". São eles: bondade amorosa, compaixão, alegria solidária e equanimidade. De acordo com o budismo, não é fácil ficarmos cheios de bondade amorosa ou compaixão. Temos que aprender como fazer isso. Parece que não precisamos treinar para nos tornarmos desagradáveis, mas é preciso esforço para desenvolver qualidades como bondade amorosa.

Algumas pessoas já disseram: "os budistas simplesmente praticam a meditação da bondade amorosa — eles não *fazem* nada". No entanto, a visão budista é que se desenvolvermos um real sentido de bondade amorosa e compaixão por meio da meditação, seremos capazes de expressá-las com muito mais habilidade. Isso não significa que devemos esperar até atingirmos a iluminação para sermos amorosos. Mas, ao procurar ter pensamentos mais positivos, pouco a pouco podemos passar a ser mais positivos em nossa perspectiva, e isso terá um impacto mais positivo sobre os outros.

A meditação da *bondade amorosa* (*maitri*) é praticada enviando bondade amorosa para indivíduos específicos. Quando começamos a praticar a bondade amorosa, diz-se que o objeto dessa prática não deve ser uma "pessoa difícil", alguém com quem achamos difícil conviver, porque a bondade amorosa por essa pessoa não surgirá naturalmente. O objeto da prática da bondade amorosa também não deve ser uma pessoa que amamos, porque todos os tipos de distorções podem estar presentes no amor que sentimos por essa pessoa. O objeto da prática da bondade amorosa não deve ser alguém por quem sentimos indiferença, porque, outra vez, nesse estágio inicial, é muito difícil tentar gerar amor por alguém que não nos interessa. Também se diz que no início não devemos tentar fazer essa prática com uma pessoa do sexo oposto como objeto de prática[3]. Então, depois disso, sobra que tipo de pessoa?

De acordo com os ensinamentos, devemos primeiro praticar bondade amorosa em relação a nós mesmos — nós somos a pessoa a quem devemos verdadeiramente tentar amar, embora não de maneira egocêntrica. A partir daí, podemos transferir esse sentimento para um grande grupo de pessoas que precisam de amor e, gradualmente, expandir nosso horizonte incluindo todos os seres sencientes. E dizem que temos que fazer isso passo a passo.

Quando tentamos gerar bondade amorosa, devemos ter certeza de que ela não se torne distorcida e se transforme em apego. A bondade amorosa é um sentimento expansivo, enquanto o apego é estreito e distorce a nossa visão das coisas. No budismo, amar outros seres sencientes (não apenas os humanos, mas todos os seres sencientes) é o tipo supremo de amor. Não há diferença entre eros e ágape.

O segundo estado sublime é a *compaixão* (*karuṇa*), que se desenvolve quando testemunhamos o sofrimento. Os seres passam por uma variedade de sofrimentos — tortura, opressão, todos os tipos de perdas e privações. Quando testemunhamos essas coisas, a compaixão brota no nosso coração. A palavra *compaixão*

---

3. Textos clássicos de meditação da tradição Theravada, como o *Visudhimagga* e a obra de Shantideva, grande santo e erudito do Mahayana, o Bodhicharyavatara, dedicaram atenção substancial à contemplação dos aspectos desagradáveis, vis e repulsivos do corpo. Essas meditações eram praticadas não para ver o sexo como impuro ou intrinsecamente depreciado, mas para remover a atração pelo gênero oposto ou talvez pelo mesmo gênero. O uso de tais meditações é visto como uma técnica terapêutica.

significa literalmente "sofrer com" os outros. Mas, no budismo, quando sentimos compaixão, não se trata de sofrer com os outros, mas de ver a situação em que se encontram e, em seguida, procurar aliviar seu sofrimento.

O terceiro estado sublime é a *alegria solidária* (*mudita*), que significa nos regozijarmos quando os outros estão felizes. Não sentimos inveja ou ciúme da felicidade de outras pessoas, sentimos alegria porque elas sentem alegria.

O último estado é a *equanimidade* (*upeksha*), que é o mais importante, porque sem equanimidade a bondade amorosa pode se tornar apego, a compaixão pode se transformar em sentimentalismo, e a alegria solidária pode se transformar em euforia. Mas, se tivermos um senso adequado de equanimidade, é possível manter as coisas em perspectiva para que nossos próprios preconceitos, expectativas e medos não interfiram na nossa capacidade de expressar essas emoções positivas. Porém, mesmo com a equanimidade, devemos aplicar atenção plena, pois a equanimidade pode se transformar em indiferença, que é na verdade o seu oposto. Com um senso de equanimidade, somos capazes de fazer coisas para nós mesmos e para os outros, e podemos manter uma visão mais ampla; ao passo que, quando somos indiferentes, não temos nenhum interesse.

A Meditação do Insight (vipashyana)

Com a meditação da tranquilidade, podemos aprender como criar um estado mental tranquilo que não seja visivelmente perturbado. Mas isso por si só não é suficiente. Devemos aprender como desenvolver o insight. A prática da meditação da tranquilidade pode permitir que desenvolvamos o insight, mas por si só não pode produzir o insight. Para isso, devemos praticar a meditação do insight, ou *vipashyana*, começando com o que é conhecido como os quatro fundamentos do insight. Esses são atenção plena ao corpo, atenção plena aos sentimentos, atenção plena à mente e atenção plena às coisas condicionadas. A prática da meditação do insight relaciona-se com a obtenção de algum insight ou compreensão da natureza da realidade, de como as coisas são. Quando a mente se torna menos iludida e os obscurecimentos diminuem, é possível ver as coisas com mais clareza. Isso inclui ver as coisas como sendo impermanentes e em constante mudança, e ver que nada tem uma essência duradoura. Por meio dos quatro fundamentos da atenção plena, portanto, podemos obter um insight da impermanência.

Com atenção plena ao corpo, quando começamos a observar o corpo, suas sensações, a respiração entrando e saindo e nossas experiências no nível físico, podemos ver as mudanças que estão ocorrendo no corpo. A atenção plena aos sentimentos nos mantém em contato com as modulações de como nos sentimos, em termos de dor, prazer e sentimentos neutros, e como esses sentimentos mudam constantemente. A atenção plena à mente revela quão instável é a própria mente, em seus pensamentos, conceitos e ideias. Por último, atenção plena às coisas condicionadas significa perceber que tudo é condicionado e um produto de causas e condições. Nada pode existir por si só, incluindo a mente ou nossa noção de eu. Quando pensamos no eu, pensamos em algum tipo de entidade que existe independentemente dos nossos constituintes psicofísicos. Falamos sobre "meu" corpo, "minha" mente, "meus" sentimentos, "minhas" percepções, "minha" memória e assim por diante. Por meio dessa prática, à medida que refletimos sobre o nosso eu, por exemplo, começamos a perceber que não existe um eu como entidade independente, que o eu é apenas uma coleção de fatores físicos e mentais. Voltaremos ao assunto da meditação mais tarde, para examinar mais detalhes da prática.

IV KARMA E RENASCIMENTO
Tudo está relacionado

NÃO PODEMOS COMPLETAR NOSSA DISCUSSÃO DOS PRIMÓRDIOS DO BUDISMO SEM INCLUIR os conceitos de karma e renascimento. No budismo, a ideia de causalidade é extremamente importante. O que queremos dizer com causalidade é que nada na existência tem qualquer tipo de essência duradoura. Tudo está relacionado; tudo existe de maneira dependente. Nada pode existir por conta própria. Portanto, tudo o que existe é causalmente dependente, seja no reino físico ou mental.

Sendo esse o caso, devemos ver a moralidade também em termos de causalidade. A moralidade depende da noção de karma, porque karma se refere à lei de causa e efeito no reino moral. Tudo o que fazemos cria certas impressões mentais, que por sua vez produzem resíduos cármicos, que posteriormente se concretizam quando as causas e condições apropriadas estão presentes. Quando fazemos algo positivo, saudável e bom, certas impressões positivas são automaticamente deixadas na mente. Elas produzem disposições positivas e saudáveis em nós, para que nossas experiências no futuro sejam positivas e saudáveis.

Quando olhamos para nós mesmos e para as outras pessoas, pode não ser imediatamente evidente como causa e efeito cármico funcionam. Por exemplo, existem pessoas boas que fazem coisas boas e, no entanto, podem estar passando por muito sofrimento. Podem estar doentes, desfavorecidas ou oprimidas. E existem pessoas más que, apesar disso, têm uma vida boa. A teoria da reencarnação ou renascimento é uma extensão do conceito de karma, o que significa que temos que olhar para a coisa toda em termos da nossa existência anterior. (Não gosto de usar a palavra *encarnação* porque pode implicar uma substância psíquica ou alma preexistente, e o budismo não aceita a existência de uma alma eterna que encarna. No entanto, o budismo acredita em um fluxo de consciência que é transferido de um nascimento para o próximo. Esse fluxo de consciência é um exemplo de ocorrência mental surgindo devido ao seu próprio momentum interno, bem como de estímulos externos, e todos esses, aparentemente, perpetuam sua continuidade ao longo do tempo. Isso serve como base para a identidade da pessoa.) Mesmo que possa não ter feito nada de errado nesta vida, essa pessoa pode ter experiências terríveis e indesejadas por causa do que fez em uma vida anterior.

O renascimento não ocorre de maneira aleatória, mas é governado pela lei do karma. Ao mesmo tempo, renascimentos bons e maus não são vistos como recompensas e punições, mas como resultado das nossas próprias ações. É por isso que em tibetano a lei cármica é chamada de *le gyu dre*, que significa "causa e efeito cármico". A partir disso, podemos ver o quão importante é desenvolver atitudes positivas e saudáveis, porque o que fazemos está vinculado ao tipo de pessoa que somos e ao tipo de atitudes mentais que temos. Não podemos separar esses três porque eles estão intimamente relacionados. Se tivermos pensamentos negativos, vamos nos tornar pessoas negativas, e se nos tornarmos pessoas negativas, faremos coisas negativas. Por exemplo, se tivermos pensamentos agressivos e abrigarmos ressentimento ou amargura em relação aos outros, vamos nos tornar uma pessoa agressiva. Quando nos entregamos a pensamentos negativos ou agressivos, esses pensamentos têm seu modo de entrar em ação, e acabamos nos tornando pessoas negativas e agressivas.

Sem um insight sobre nós mesmos e a nossa mente, simplesmente prestar atenção ao que fazemos não nos tornará pessoas melhores de maneira significativa. Por isso, devemos estar mais atentos às nossas intenções e atitudes do que ao nosso comportamento ou ações. Não há lugar nos preceitos budistas para expressões de indignação moral ou ultraje. As expressões de emoções negativas desenfreadas, como ódio ou repulsa em relação aos opositores ou aqueles que não compartilham da nossa própria visão de mundo moral, são vistas como as próprias causas das nossas fraquezas morais. Uma fixação excessiva em "certo" e "errado", a crença enganosa de que estamos do lado certo e bom, travando uma guerra contra o que percebemos como sendo mal, entregando-nos a ou abrigando pensamentos e emoções que levariam a ações e condutas prejudiciais — tudo isso deve ser evitado. Portanto, como budistas, não apenas devemos nos engajar em ações boas e benéficas de modo constante e consistente, mas devemos também observar nossos estados mentais internos. O Buddha disse nos Nikayas (sutras em Páli do antigo cânone budista): "monges, a isso eu chamo de karma: tendo tido a intenção, age por meio do corpo, da fala e da mente". Portanto, a intenção é mais importante do que a ação. Se nossa intenção for correta e sincera e nossa mente for pura, mesmo que não prestemos muita atenção às ações em si, seremos capazes de agir de uma forma que conduza ao bem-estar dos outros, bem como ao nosso.

Mesmo que a felicidade, a infelicidade, o prazer ou a dor que sentimos seja proporcional ao nosso mérito ou demérito cármico, não devemos simplesmente aceitar a situação em que nos encontramos. O budismo não estimula um sentido de fatalismo. Acreditar no karma não significa que devemos dizer: "este é o meu karma, e meu destino cármico é tão terrível que não posso fazer nada a respeito. Sou um incompetente, sou um fracasso". Se nos encontramos em uma situação insatisfatória, devemos tentar melhorá-la ou sair dela. Pode haver várias opções disponíveis. Em vez de promover a ideia do fatalismo, a teoria cármica na verdade sustenta a ideia de assumir responsabilidade pelas nossas ações.

Muitas das nossas experiências não são puramente resultado do karma, mas são devidas à nossa própria insensatez, negligência ou falta de responsabilidade. Por exemplo, se ficarmos doentes, obviamente não vamos dizer: "é por causa do meu karma que estou doente, então não vou procurar atendimento médico". Sabemos que devemos consultar um médico e descobrir o que é essa doença. A teoria cármica concorda com assumir responsabilidades e querer melhorar a situação, não apenas em termos dos indivíduos, mas também da sociedade. Aqui no Ocidente, as pessoas criticam os budistas por não serem socialmente conscientes e não realizarem ações sociais. Dizem que as pessoas são pobres no Oriente principalmente porque, nos países budistas, foram ensinadas que é seu karma sofrer e serem oprimidas, que a situação não tem nada a ver com fatores sociais e não há nada que possam fazer para melhorá-la.

No entanto, a teoria cármica não diz que as pessoas deveriam simplesmente aceitar a forma como as coisas são; devemos tentar o nosso melhor para mudar as coisas, para nos transformar ou para aprimorar as condições sociais. No entanto, quando nossos melhores esforços falham, esse é o momento de aceitarmos a situação. Vamos supor que não importa o que façamos, ainda não conseguimos mudar as coisas e não há nada que possamos fazer. Em tal situação, em vez de ficarmos frustrados, com raiva ou deprimidos, devemos tentar aprender a conviver com isso. Sentimentos de enorme estresse, ansiedade e sofrimento psicológico simplesmente pioram as coisas. Se nos sentimos extremamente irritados e frustrados com uma situação que não podemos mudar, isso tende a produzir mais karma negativo e, portanto, vivenciaremos ainda mais tormento e sofrimento no futuro.

Para usar o exemplo da doença novamente, podemos ter tentado de tudo para combater uma doença, mas nada funcionou. Nesse caso, é melhor reconhecer que foi nosso próprio karma que nos fez adoecer, e não há cura. É melhor tentar aceitar a situação do que brigar com ela ou negá-la. Tentar viver com essa doença é uma atitude muito mais saudável do que fazer algo que não contribui para o nosso próprio bem-estar, como negar a realidade da doença ou ter uma confiança equivocada em nossos poderes de recuperação.

Não devemos pensar na lei do karma em termos de uma estrita relação causal de um para um. Existem muitos fatores envolvidos nas nossas circunstâncias diárias. Por exemplo, se eu agredir alguém fisicamente, haverá vários fatores envolvidos: minha intenção, minha ação e a pessoa a quem agredi fisicamente. Todos esses fatores influenciam as consequências cármicas que vou vivenciar. Se a pessoa que ataquei for um canalha, como dizem as pessoas, isso seria diferente de bater em uma pessoa santa como Madre Teresa ou o Dalai Lama — totalmente diferente. O motivo pelo qual bati naquela pessoa também deveria ser levado em consideração. A lei do karma não é tão mecânica que, se você fizer uma determinada ação, invariavelmente, um determinado efeito se manifestará. Mesmo que a ação seja a mesma, por causa desses outros fatores, o resultado cármico pode ser muito diferente. Assim, a lei do karma não é rígida e mecânica, mas fluida e maleável.

Boas ações, chamadas *kusala*, em Páli, ou *gewa*, em tibetano, são "ações habilidosas" que produzem experiências positivas e criam disposições saudáveis. Más ações, chamadas de *akusala*, em Páli, ou *mi gewa*, em Tibetano, são "ações inábeis", que produzem uma variedade de experiências psicológicas indesejadas. No *Sutra Majhimma Nikaya*, o Buddha descreve ações hábeis e inábeis da seguinte maneira: "qualquer ação — corporal, verbal ou mental — que levar ao sofrimento para si mesmo, para os outros ou para ambos, essa ação é akusala, ação inábil. Qualquer ação — corporal, verbal ou mental — que não levar ao sofrimento para si mesmo, para os outros ou para ambos, essa é ação hábil, kusala".

Essa afirmação deixa claro que sempre que fazemos algo, devemos levar em consideração nossas próprias necessidades e as dos outros. Não é suficiente pensar apenas nas necessidades dos outros; nem é suficiente levar em consideração apenas nossas próprias necessidades. Deve haver um equilíbrio. Se pensarmos apenas na felicidade dos outros, podemos sofrer como consequência. Talvez você conheça pessoas que pensam que devem se sacrificar para trabalhar em benefício dos outros, sem pensar no seu próprio benefício. E, com certeza, há outras, em número muito maior, que pensam que devem fazer de tudo para promover sua própria felicidade e esquecer os outros. Assim, ação hábil significa levar em conta tanto as necessidades dos outros como as nossas, para que sejam equilibradas.

De acordo com a teoria cármica, nós, como indivíduos, somos responsáveis pelas nossas ações. Essa responsabilidade é transferida para as vidas subsequentes, onde recebemos compensação, boa ou má, pelas ações que realizamos em vidas anteriores. Os efeitos psicológicos ou internos dessas ações passadas são que elas produzem certas tendências e disposições que contribuem para formar e moldar a nossa personalidade. Temos a opção de seguir essas tendências ou, por meio de maior autoconhecimento, autodisciplina e autocontrole, aprender a superar algumas de nossas tendências negativas.

A teoria do renascimento é uma hipótese que pode explicar coisas que, de outra forma, consideramos difíceis de entender. A prevalência do sofrimento e das injustiças que existem no mundo — como pessoas inocentes que sofrem de retardo mental e físico ou de baixo status social — podem ser explicadas de acordo com a teoria cármica, sem que seja necessário recorrer a algum tipo de solução teológica. Assim, o "problema do mal" é tratado de forma muito diferente no budismo e no hinduísmo do que é no cristianismo. Particularmente no budismo, não é um problema teológico, mas moral.

O Buddha não apresentou a teoria do renascimento de maneira dogmática, mas como um desafio moral. Ele deixou claro no *Sutra Majhimma Nikaya* que acreditar no renascimento nos encorajaria a levar uma vida moral, garantindo-nos uma vida futura agradável e gratificante. Porém, mesmo que não exista o renascimento, não perdemos nada por acreditar nele, porque levar uma vida moral nos torna seres humanos melhores, dotando esta vida de sentido e significado.

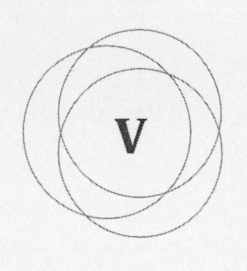

V BUDISMO MAHAYANA
Ajudar os Outros é Ajudar a Si Mesmo

AGORA VAMOS NOS VOLTAR PARA O PERÍODO POSTERIOR DO BUDISMO, CONHECIDO COMO MAHAYANA. A tradição Mahayana tem dois aspectos: a tradição Sutra do Mahayana e a tradição Tantra do Mahayana. O Mahayana em geral se distingue do budismo original, ou Hinayana, que significa literalmente "pequeno veículo". O Mahayana é o "grande veículo". O ponto básico aqui é que um seguidor do caminho Hinayana embarcou em um caminho com uma visão ou objetivo muito estreito, uma vez que essa pessoa deseja alcançar a iluminação apenas para si mesma. Essa pessoa não é considerada alguém digno de seguir o caminho Mahayana.

Quando analisamos dessa forma, devemos compreender que "Hinayana" não se refere necessariamente ao Budismo Theravada, como algumas pessoas imaginam. Depois da morte do Buddha, o budismo se dividiu em dezoito escolas. Uma delas foi o Budismo Theravada. A escola com a qual o Mahayana interagia mais intimamente era conhecida por Sarvastivada ("pluralismo"), que acreditava na existência última das entidades mentais e físicas. Quando mestres como Nagarjuna e Chandrakirti entraram em cena, a escola que mais criticaram foi a Escola Sarvastivada. Eles não atacaram a Theravada.

Portanto, quando os mahayanistas hoje criticam certos princípios do Hinayana, não devemos presumir que eles estejam atacando o budismo Theravada como é praticado hoje em países como Sri Lanka, Mianmar, Tailândia e Camboja. Esse é um ponto muito importante a ser destacado, porque a tradição Theravada é a única que sobreviveu das dezoito escolas que surgiram depois da morte de Buddha.

Às vezes, a palavra *Shravakayana* é usada como sinônimo de *Hinayana*. *Shravakayana*, ou *nyenthö kyi thekpa*, em tibetano, significa o "veículo dos ouvintes". *Hinayana*, portanto, não se refere à lealdade de um praticante a uma determinada escola, mas está relacionado a ouvir os ensinamentos e assimilá-los em um nível intelectual, sem realmente praticá-los. *Nyen* em tibetano significa "ouvir", e *thö* significa "ter assimilado o que foi ouvido em um nível intelectual, sem realmente praticar". Portanto, um *shravaka* é uma pessoa de capacidade limitada que não assimilou realmente os ensinamentos do Buddha.

Isso esclarece por que os mahayanistas disseram que as pessoas deveriam aspirar não à perspectiva Hinayana, mas ao Mahayana, que também é equiparado ao Bodhisattvayana. Um seguidor do Mahayana também é conhecido como bodhisattva, termo para alguém que, ao contrário do seguidor Hinayana, deseja expandir sua visão de crescimento espiritual. Os bodhisattvas não se limitam a querer ajudar a si mesmos; ao contrário, eles percebem que, ao ajudar os outros, estão fazendo algo por si mesmos. Esse é o ideal, então, do Bodhisattvayana ou Mahayana.

Vemos, então, que Hinayana e Mahayana não são determinados por doutrinas, escolas ou sistemas de crenças, mas pela atitude interior mantida pelos praticantes em relação à sua prática espiritual. Os praticantes do Mahayana percebem seu objetivo não apenas para se verem livres do sofrimento, mas para livrar outros seres do sofrimento. Trabalham para o benefício dos outros, entendendo que fazer algo pelos outros também é fazer algo por si mesmo.

Para dar um esboço dos ensinamentos Mahayana, falarei sobre a causa do sofrimento, o caminho ou o método que devemos usar para aliviar a causa do sofrimento e a fruição que resulta da prática do caminho. O objetivo do budismo Mahayana não é diferente daquele dos primeiros budistas. Todos desejam alcançar a iluminação. Mas a qualidade da iluminação, em certo sentido, é diferente, por causa da motivação. Os hinayanistas não têm necessariamente a iluminação completa como objetivo, mas sim o que é conhecido como a condição de Arhat, um estado em que alguém se livra dos conflitos emocionais sentidos devido à raiva, inveja, insatisfação e assim por diante. Nessa abordagem, não há compaixão, sensibilidade ou atitude de cuidado.

Se quisermos seguir o caminho Mahayana, precisamos desenvolver uma atitude de cuidado e compaixão, uma vez que, a menos que cuidemos dos outros, nosso desenvolvimento não poderá evoluir. Com esse pensamento, o praticante Mahayana busca compreender a causa do sofrimento e entender como corrigir essa situação. A visão quanto às causas do sofrimento é a mesma — não há diferença real entre o hinayanista e o mahayanista. As causas do sofrimento são os dois véus das emoções conflitantes e da confusão conceitual. As emoções conflitantes incluem a inveja, a raiva, o orgulho, a ignorância e o desejo em excesso. A confusão conceitual está relacionada à noção equivocada de que existe um eu com uma essência duradoura. Tanto os hinayanistas quanto os mahayanistas entendem que o sofrimento resulta de não haver uma compreensão adequada de si mesmo e das emoções.

De acordo com a tradição Mahayana, há uma diferença entre os ideais espirituais Hinayana e Mahayana e os meios adotados para realizar esses ideais. Como dissemos antes, os hinayanistas estão preocupados com seu próprio bem-estar e desejam alcançar a iluminação para seu próprio benefício e, portanto, não têm a mesma capacidade que os mahayanistas. Isso não quer dizer que o praticante Hinayana nunca pense em compaixão e amor. Essas atitudes podem estar presentes, mas não na mesma extensão dos mahayanistas. Parte da literatura budista enfatiza a importância da autorrealização além da prática da compaixão para com os outros, e fala da prática dos quatro brahmaviharas, ou estados sublimes: bondade amorosa, compaixão, alegria e equanimidade.

O Budismo Mahayana vai além, dizendo que, se alguém deseja alcançar a iluminação, é necessário fazê-lo com uma abordagem em duas frentes. As duas frentes são compaixão e sabedoria. Pode-se desenvolver sabedoria por meio da prática da meditação, mas não se pode desenvolver compaixão simplesmente meditando na compaixão, como é sugerido nas quatro práticas do brahmavihara. No Mahayana, temos práticas como *lojong*, literalmente "treinamento da mente", mas em geral traduzido como "dar e receber". Essa série de exercícios mentais é implementada para enfraquecer gradualmente nossos pensamentos, percepções e sentimentos egocêntricos arraigados e rígidos. No *lojong*, buscamos desenvolver a compaixão nos colocando no lugar da pessoa necessitada ou desfavorecida. Mas o Mahayana diz que ser compassivo, ser útil, ser preocupado e ter uma atitude altruísta não são suficientes em si mesmos. Temos que nos envolver com o mundo.

A meditação e as práticas espirituais devem ser realizadas na vida cotidiana, não apenas no ambiente monástico. Temos que realmente viver no mundo. Essa atitude advém do fato dos mahayanistas dizerem que o samsara é idêntico ao nirvana. O que isso significa? Significa que não é ao mundo que devemos renunciar; não se trata de ter que evitar todas as responsabilidades sociais para nos desenvolvermos espiritualmente. Nossa atitude é o mais importante. É por isso que dizem que samsara é nirvana. Nossas delusões são o mesmo que iluminação, e o mundo em que vivemos é condicionado pela nossa mente.

Os praticantes do Mahayana enfatizam principalmente a mente e a atitude que temos em relação ao mundo, às outras pessoas e a nós mesmos. Se pudermos ter uma atitude adequada, então tudo o que fizermos se tornará saudável. Em vez de pensar que nossas ações são a coisa mais importante e nos tornarmos dogmáticos sobre o que é certo e o que é errado, com a atitude correta somos capazes de interagir com o mundo de maneira apropriada. Esse é o aspecto compassivo do caminho.

A sabedoria, o outro aspecto do caminho, surge da compreensão de que o eu e o outro não são separados, porque tudo é interdependente: mente, matéria, orgânico, inorgânico — tudo o que existe no mundo é interdependente e, portanto, nada tem substancialidade. Essa noção leva os ensinamentos do budismo original um pouco mais adiante. O budismo original diz que tudo é impermanente, mas não diz que nada tem essência duradoura e que tudo é interdependente.

O budismo Mahayana desenvolve essa ideia dizendo que tudo é interdependente, nada tem existência própria ou status autônomo — isso é o que significa vacuidade (*śūnyatā*, pronuncia-se shunyata). A sabedoria surge a partir dessa compreensão. Se alguém tem uma ideia muito enfática de uma noção auto-existente (*svabhāva*) de um eu que está completamente fechado dentro de um corpo e divorciado do mundo externo, então essa pessoa nunca poderá se sentir em casa no mundo. O budismo Mahayana diz que na verdade já renunciamos ao mundo enquanto tivermos essa crença, porque nesse caso estamos fechados em nós mesmos, isolados e totalmente divorciados de todas as outras coisas.

Percebemos o mundo externo como hostil ou algo a ser explorado e tirar proveito, devido aos nossos desejos e à nossa raiva. Se quisermos nos sentir em casa no mundo, precisamos superar essa forma de pensar e, ao superá-la, atingiremos a iluminação. Para fazer isso, precisamos desenvolver compaixão e sabedoria. A sabedoria é desenvolvida por meio da compreensão de que o eu e o outro, os quais pensamos ser totalmente opostos, são de fato interdependentes. O mundo e o eu, a mente e o mundo material, sujeito e objeto, todos são interdependentes. Assim que tivermos esse insight, será mais fácil desenvolver compaixão.

Compaixão e sabedoria andam de mãos dadas. Os ensinamentos Mahayana dizem que compaixão e sabedoria devem ser usadas como as duas asas de um pássaro. Se um pássaro tiver apenas uma asa, não consegue voar. Da mesma forma, se quisermos ficar elevados, precisamos de sabedoria e compaixão no reino espiritual. (Veremos mais tarde como desenvolver esses dois aspectos.)

O budismo Mahayana nos ensina como estar no mundo sem nos enganarmos, sem aversão e sem fugir das nossas responsabilidades. Encarando a realidade da situação e percebendo que ao cultivar sabedoria e compaixão estamos nos desenvolvendo, vemos que não há contradição. Tornar-se mais compassivo, na verdade, é fazer algo por nós mesmos. Não temos que nos tornar um capacho para todos os outros seres, ou ter uma atitude modesta, ou nos tornarmos um "bom samaritano". Se agirmos genuinamente, com a compreensão que pode ser desenvolvida por meio da meditação e da sabedoria, nossas atividades compassivas em relação aos outros podem nos levar ao objetivo.

O objetivo, do ponto de vista do Mahayana, é perceber o aspecto físico do ser búdico por meio do desenvolvimento da compaixão e perceber o aspecto mental do ser búdico por meio da prática da sabedoria. Isso não é mencionado nos ensinamentos do budismo original. Na tradição Mahayana, falamos sobre três aspectos do ser búdico, que explicarei mais tarde. Aqui estou apenas interligando-os, dizendo que esse é o objetivo. Obter o aspecto físico e o aspecto mental do ser búdico significa que, mesmo quando se torna iluminada, a pessoa não entra em algum tipo de mundo espiritual divorciado da natureza física das coisas. Pelo contrário, o próprio corpo físico é transformado devido à transformação mental. Da perspectiva Mahayana, transformação mental é o conceito importante, em vez de purificação mental. Nosso objetivo não é purificar a mente, mas transformá-la, porque nem mesmo a mente vem a ser uma entidade autoexistente e imutável.

VI

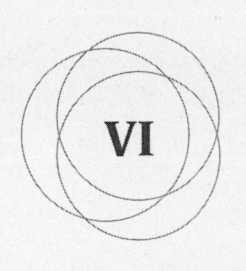

O CAMINHO DO BODHISATTVA
Meditação e Ação Caminham Juntas

DE ACORDO COM O BUDISMO MAHAYANA, NOSSAS DELUSÕES RESIDEM EM DOIS DOMÍNIOS DIFERENTES DA MENTE, um sendo o aspecto emocional e o outro sendo o aspecto conceitual. Esses também podem ser descritos como os aspectos afetivos e cognitivos da mente. Em relação ao aspecto afetivo da mente, surgem emoções como desejo, avidez, apego, hostilidade, ressentimento e amargura. Em relação ao aspecto cognitivo, surgem todos os tipos de confusões conceituais, particularmente em nossa compreensão de nós mesmos — aquilo que pensamos que nosso eu ou ego é. Portanto, há uma inter-relação entre os aspectos cognitivos e emocionais da mente. Em geral, essa visão contrasta com o entendimento ocidental, no qual se diz que, para raciocinar, para ter racionalidade, devemos controlar nossas emoções. Certos românticos disseram que devemos evitar totalmente a racionalidade porque a emoção é mais valiosa do que a razão. Logo, quem valoriza a racionalidade muitas vezes não valoriza as emoções e vice-versa.

Mas, do ponto de vista budista, o problema da delusão não surge somente de uma fonte: das nossas habilidades lógicas ou conceituais ou das nossas emoções e sentimentos. O problema surge de ambas as fontes, e devemos ter uma compreensão adequada disso.

Se for esse o problema, devemos encontrar o caminho para a solução. Esse caminho tem muitos aspectos, mas fundamentalmente consiste em sabedoria e compaixão. A compaixão tem relação com o aspecto emocional, e a sabedoria com o cognitivo. Por meio da sabedoria, podemos esclarecer nossa confusão conceitual e nossas distorções cognitivas; e, por meio da compaixão, somos capazes de transformar nossas emoções negativas.

O objetivo supremo do budismo Mahayana não é erradicar as emoções, mas transformar nossa mente, tanto em seus aspectos cognitivos quanto afetivos. Por fim, o caminho leva ao estágio da fruição, que também tem dois aspectos — surpreendentemente! O budismo gosta de números e tudo é categorizado; tudo vem em dois, três ou cinco, ou algum outro número. Quando simplificamos os estágios de fruição do caminho, identificamos dois aspectos: o aspecto mental do ser búdico e o aspecto físico do ser búdico. Por meio da prática da compaixão, somos levados à realização do aspecto físico do ser búdico. Por meio do cultivo da sabedoria, percebemos o aspecto mental ou cognitivo do ser búdico. Já disse isso, mas quero recapitular aqui.

O Que é um Bodhisattva?

A pessoa que segue o caminho Mahayana é chamada de bodhisattva. O conceito de bodhisattva é encontrado desde os primórdios da literatura budista. Por exemplo, os contos Jataka sobre as vidas anteriores do Buddha antes de se tornar desperto referiam-se a ele em sânscrito como um *bodhisattva*. Na literatura em Páli, a palavra é *bodhisatta* e, em tibetano, *changchup kyi sempa*. O conceito de bodhisattva, portanto, não é exclusivamente uma ideia ou invenção do Mahayana. Como usada nos primórdios do budismo, a palavra se referia a alguém que embarcou no caminho espiritual e que está progredindo em direção à iluminação. Também no budismo Mahayana, o bodhisattva não é equiparado à iluminação plena ou budidade. A diferença é que, em vez de pensar nos bodhisattvas como sendo pessoas especiais com atributos e habilidades especiais, os mahayanistas disseram que qualquer pessoa pode se tornar um bodhisattva. É por isso que a noção de bodhisattva se tornou uma parte tão importante do budismo Mahayana.

A característica mais importante do bodhisattva é a compaixão. Embora se falasse de compaixão em relação ao bodhisattva nos primórdios do budismo, foi o budismo Mahayana que enfatizou esse aspecto do bodhisattva. De acordo com os mahayanistas, a iluminação não é alcançada individualmente pelo nosso próprio esforço; ao contrário, é alcançada em relação e em interação com os outros. Portanto, o elemento da compaixão é enfatizado.

Assim, de acordo com o entendimento do Mahayana, quando estamos sendo egoístas, quando temos uma mentalidade aquisitiva de querer cada vez mais — sejam bens materiais, fama, amor ou o que quer que seja —, perdemos contato com os outros, perdemos contato com o mundo real. Em vez disso, vivemos em um mundo totalmente criado pelos nossos próprios desejos, expectativas e frustrações, o que não corresponde ao mundo realmente existente.

É por isso que o budismo Mahayana fala sobre a superação da dualidade de sujeito e objeto, a dualidade da mente e do mundo material. Quando desenvolvemos sabedoria, percebemos que sujeito e objeto, a mente e o mundo material, têm a mesma natureza. Então, em vez de ver o mundo como algo hostil ou desconhecido, vemos que o mundo e nós mesmos somos interdependentes. E a possibilidade de desenvolver compaixão consiste nisso.

A meditação formal é uma jornada solitária na qual lutamos com nossos próprios demônios internos e tentamos chegar a um acordo e desenvolver compreensão de nossas próprias forças e estados psíquicos variados, e isso então pode levar ao desenvolvimento da sabedoria. Para que uma prática espiritual seja completa, ela deve ser complementada por atividades compassivas em situações interpessoais. No budismo Mahayana, meditação e atividade andam de mãos dadas, no sentido de que não podemos realmente ter compaixão genuína sem sabedoria. É somente desenvolvendo a sabedoria adequada que seremos capazes de ter compaixão e fazer coisas pelos outros de uma maneira que não seja parcial. Não é preciso muito para sermos compassivos de forma parcial. Por exemplo, podemos facilmente sentir compaixão pelas pessoas de quem gostamos ou pelos animais que apreciamos. Mas, idealmente, do ponto de vista Mahayana, devemos ter uma aspiração maior; nossa compaixão deve se estender além dos nossos entes queridos, e isso só pode ser feito por meio da sabedoria.

Se a sabedoria não estiver presente na compaixão, a compaixão pode se degenerar e ser poluída pelo nosso egoísmo, sentimentalismo ou necessidade. Conheci pessoas que tem *necessidade* de ser compassivas, em vez de apenas *serem* compassivas. As atividades compassivas devem ser mais uma forma de ser do que de fazer. Às vezes, existem pautas definidas com a ideia de realizar atos compassivos, de modo que as pessoas aparentemente mais compassivas às vezes também podem ser as mais dogmáticas. Mas ser verdadeiramente compassivo significa que somos capazes de nos relacionar com compaixão para com uma ampla variedade de pessoas; não separamos as pessoas em categorias boas e más, nas quais as pessoas que estão do nosso lado são boas e precisam do nosso apoio, enquanto as do outro lado são pessoas más que estão perturbando tudo e, portanto, devemos nos opor a elas. Os ativistas sociais muitas vezes correm o risco de cair nesse tipo de comportamento. Não que todo mundo seja assim, mas às vezes as pessoas fazem manifestações pacíficas que resultam em violência.

De acordo com o Mahayana, quando um bodhisattva encontra pessoas que não compartilham suas ideias, pessoas que pensam ou fazem coisas de maneira diferente, ele ou ela buscaria uma abordagem de mente aberta e se comunicar da melhor maneira possível para ajudar aqueles seres que podem até ser hostis. É importante reiterar que a compaixão no budismo não é algo passivo. Como já mencionei, os ocidentais consideram as emoções como estando intimamente relacionadas a sentimentos que não podem evitar — assim como não podemos evitar uma dor de dente. Os budistas dizem que esse não é o caso das emoções. Uma emoção como a compaixão é algo ativo que podemos escolher sentir e colocar em ação. O fato de que podemos escolher desenvolver e aplicar a compaixão é algo significativo. Como Rollo May afirma em seu livro *Amor e Vontade*, se uma pessoa se sente impotente para fazer tais escolhas, é muito difícil para ela amar e ter compaixão. A única maneira de superar essa sensação de impotência é aprender a amar e a gerar compaixão. Os budistas concordariam com isso.

Compaixão não tem a ver com sofrer com e pelo outro, mas com a intenção de aliviar o sofrimento do outro. A literatura Mahayana define amor ou bondade amorosa como o desejo de que os outros possam ter felicidade e as causas da felicidade; a compaixão é definida como o desejo de que os outros fiquem livres do sofrimento e das causas do sofrimento. São definições gerais, mas mostram que essa é uma forma ativa de fazer algo, em vez de nos deixarmos afundar na desgraça ou desespero das outras pessoas. Se nos identificamos muito com o sofrimento dos outros, a nossa própria capacidade de ajudar os outros diminui. Os psicoterapeutas também apontaram este ponto: terapeutas que se identificam excessivamente com os problemas dos seus clientes podem descobrir que sua capacidade de ajudá-los é reduzida. Isso ocorre exatamente porque o terapeuta está absorvido na dinâmica da situação.

Dois Tipos de Bodhisattva

Existem dois tipos de bodhisattvas: o bodhisattva ideal e o bodhisattva que aspira alcançar a iluminação. "Bodhisattvas ideais" fazem parte do panteão budista. No Mahayana, ao contrário do budismo original, temos muitas imagens diferentes de seres realizados, tanto mitológicos quanto reais. Os bodhisattvas mitológicos são vistos como modelos que incorporam certas qualidades do bodhisattva. Estamos falando de bodhisattvas como Avalokiteshvara (Chenrezik, em tibetano), Manjushri e Vajrapani. Um bodhisattva como Avalokiteshvara personifica a compaixão e é usado como um exemplo de como é possível desenvolver a compaixão. Não é que devemos acreditar em Avalokiteshvara como um ser real; em vez disso, usamos a imagem de Avalokiteshvara para refletir sobre como desenvolver esse ideal de compaixão em nós mesmos. Da mesma forma, Manjushri incorpora sabedoria. Por meio da visualização de Manjushri e de práticas relacionadas a ele, podemos tentar imitar as qualidades que Manjushri possui. Vajrapani incorpora a qualidade da vontade, portanto, sua imagem pode ser usada como um antídoto contra a apatia, para aumentar nossa capacidade de seguir no caminho. O bodhisattva Achala (cujo nome significa "imóvel") é a personificação de samadhi, ou estado meditativo. Visualizando e tentando nos igualar a todos esses bodhisattvas, nós os usamos como antídotos para nossas tendências habituais. Desta forma, Manjushri se torna o antídoto para a ignorância, Avalokiteshvara para o egoísmo, Vajrapani para a apatia e Achala para a mente distraída ou agitada. Esses são os bodhisattvas ideais.

O outro tipo de bodhisattva corresponde à noção de que todos têm a capacidade de se iluminar, de se tornar um bodhisattva. É preciso diferenciar esses dois tipos de bodhisattvas, pois isso pode ser especialmente confuso para os iniciantes quando lhes é dito que existem esses bodhisattvas realizados, e também que devem imitar o comportamento deles caso queiram se tornar um bodhisattva. Os bodhisattvas que são imagens ideais incorporam todas as qualidades de um bodhisattva, ou pelo menos algumas delas. Mas aqueles que pertencem ao segundo tipo precisam cultivar as qualidades que ainda não possuem. Dentro desse segundo grupo, existem dois tipos: aqueles que já embarcaram no caminho do bodhisattva, e outros que são bodhisattvas em potencial, para os quais, se surgirem as circunstâncias corretas, eles possam realmente se tornar bodhisattvas.

Tornando-se um Bodhisattva

Como alguém se torna um bodhisattva? Existe apenas uma condição, que é gerar *bodhichitta*, ou o "coração da iluminação". *Bodhi* significa "iluminação" e *chitta* significa "coração".

A bodhichitta também tem dois aspectos, um sendo o aspecto relativo e o outro sendo o aspecto absoluto. A bodhichitta absoluta se refere à natureza da mente, ou o que chamamos de natureza búdica. (Discutiremos isso mais tarde.) A bodhichitta *relativa* é o cultivo e a geração de compaixão. Para desenvolvê-la, não basta pensar: "a partir de agora, vou tentar fazer o meu melhor para gerar compaixão e superar meu egocentrismo, pois isso não é benéfico só para os outros, mas também para mim". Temos que fazer um compromisso formal, chamado de fazer o voto do bodhisattva. Como sabemos, viver com alguém em um relacionamento por muitos anos, na prática, é diferente de assinar na linha pontilhada. De certa forma, isso faz diferença. Suponho que seja porque quando assumimos um compromisso em público, em vez de apenas dizer algo mentalmente para nós mesmos, há um aspecto de promessa. E quando prometemos alguma coisa, talvez haja mais chance de irmos até o fim. Assim, a bodhichitta é estimulada por um compromisso formal.

Depois de assumir esse compromisso, dizem os ensinamentos Mahayana, o bodhisattva não deve ter pressa em atingir a iluminação. Temos a capacidade de adiar nossa própria iluminação pelo tempo que for necessário, porque, como bodhisattvas, sentimos que é melhor que os outros alcancem a iluminação antes de nós. Não temos nenhum sentido de urgência e podemos dizer: "trabalharei para o benefício dos outros; quero que outros alcancem a iluminação antes de mim."

Em alguns livros sobre budismo escritos por estudiosos e praticantes ocidentais, há um problema com essa ideia. Por exemplo, Peter Harvey, autor de *Uma Introdução ao Budismo*, questiona: se um bodhisattva não é o mesmo que um Buddha, como é possível que tal pessoa leve outras a um estado de iluminação, mesmo que deseje fazer isso? O bodhisattva pode se iludir ao pensar que tem a habilidade de fazê-lo, mas ser capaz de conduzir outros à iluminação implica em possuir certas habilidades. O livro de Paul Williams, *Budismo Mahayana*, levanta uma questão diferente: não é problemático falar sobre o adiamento da iluminação? Pois levanta a possibilidade de que seria melhor não entrar no caminho do bodhisattva, uma vez que, se embarcar nele, outros alcançarão a iluminação, enquanto você, como bodhisattva, ainda permanecerá na condição samsárica.

A questão é não interpretar todas essas afirmações tão literalmente, mas entendê-las em relação à atitude. Ao desenvolver a compaixão infinita que um bodhisattva é capaz de desenvolver, a pessoa traz a iluminação para mais perto, ao passo que, sem esse tipo de compaixão, a iluminação ainda está muito longe. Mesmo se alguém quiser desesperadamente se tornar um iluminado, ele não é capaz de fazer isso.

Chögyam Trungpa Rinpoche usou uma imagem bastante ilustrativa para falar sobre isso. Ele disse que embarcar no caminho do bodhisattva de maneira adequada é como estar em um veículo pré-programado para levá-lo ao seu destino, mesmo que você não queira chegar lá. Eu acho que é assim. Se tiver a atitude correta, você alcançará a iluminação independentemente de você mesmo. Essa é de fato a atitude do Mahayana tal como é transmitida oralmente. Mas se você ficar preso nos textos nos quais não se afirma explicitamente que é assim que alguém segue o caminho do bodhisattva, pode ser que você interprete tudo de modo muito literal.

Shantideva diz no primeiro capítulo do *Bodhisattvacharyavatara*: "que eu possa me tornar um abrigo para os que não têm teto; que eu me torne alimento para os que têm fome; que eu me torne uma ponte para os que desejam cruzar as águas turbulentas". Obviamente Shantideva não deseja ser um mágico para que possa literalmente se tornar essas coisas.

Dito isso, devo acrescentar que o que isto realmente significa é que fazer atividades compassivas pelos outros deve ir além das atividades físicas, como alimentar os que têm fome. Claro, sempre que possível, devemos tentar fazer essas coisas. Mas caso seja impossível realmente fazê-lo, não devemos pensar: "uma mera atitude mental não aliviará o sofrimento dos outros se eu não tiver os meios físicos para isso. Meu esforço não terá efeito, então é uma perda de tempo". Não devemos desistir da prática. Desejar que os etíopes, por exemplo, fossem libertados do seu sofrimento poderia ter um efeito imensamente benéfico, embora fisicamente nada tenha mudado para os etíopes. A atitude é realmente o mais importante. Se tivermos a atitude correta, decorrente da sabedoria, qualquer ação que iniciarmos movida por compaixão será eficaz e estará de acordo com a situação. Mas se não tivermos uma visão tão aberta e ampla, mesmo que estejamos muito preocupados com o bem-estar e a justiça social, nossa atitude ainda pode ser tingida ou poluída com as nossas delusões ou obscurecimentos da mente.

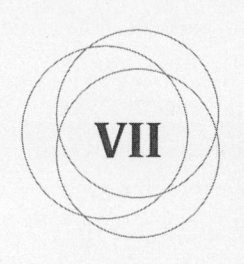

VII REALIZANDO SABEDORIA E COMPAIXÃO

Bodhichitta e as Paramitas

VIMOS QUE O CONCEITO DE BODHISATTVA NO MAHAYANA É UM IDEAL DE UM PRATICANTE ESPIRITUAL, que todos os seguidores devem tentar imitar. Agora, vamos examinar mais detalhadamente como o modo de vida do bodhisattva é praticado.

No capítulo 6, mencionei brevemente a geração de bodhichitta, ou coração iluminado. A bodhichitta tem dois aspectos: o aspecto absoluto se refere à natureza da mente inerente a todos os seres vivos, e o aspecto relativo se refere à compaixão. O primeiro deles, o aspecto absoluto, está mais relacionado à sabedoria, enquanto o aspecto relativo está mais relacionado à compaixão. Se quisermos alcançar a iluminação nos tornando um bodhisattva, é necessário pôr em prática a sabedoria e a compaixão. Isso é feito pela prática das *seis paramitas*, ou "ações transcendentes".

Para em sânscrito significa literalmente a "outra margem". Aqui, significa ir além da nossa própria noção de eu. Do ponto de vista budista em geral, e do ponto de vista Mahayana em particular, se quisermos progredir adequadamente no caminho, precisamos ir além da nossa compreensão convencional do eu. Desse modo, quando dizemos que *paramita* significa "ação transcendente", dizemos isso no sentido de que as ações ou atitudes são desempenhadas de uma maneira não egocêntrica.

"Transcendente" não se refere a alguma realidade externa, mas à maneira como conduzimos a nossa vida e percebemos o mundo — seja de forma egocêntrica ou não. As seis paramitas dizem respeito ao esforço para sair da mentalidade egocêntrica.

Neste capítulo, discutirei as quatro primeiras paramitas (generosidade, preceitos morais, paciência e vigor), todas relacionadas com as nossas ações físicas e relacionadas ao domínio moral. A prática das duas últimas paramitas (meditação e sabedoria) diz respeito à mente, e essas paramitas são o assunto do capítulo 8.

Generosidade (Dana)

A primeira paramita é *dana*, em sânscrito, que significa "generosidade". O *Bodhisattva-bhumi,* um texto Mahayana muito importante, a define como "uma mente desapegada e espontânea, que faz oferendas e doações nesse estado mental". A essência da generosidade é dar sem qualquer apego ou expectativa, sem pensar em receber algo em troca. É fazer algo puramente pelo bem de fazer, sem restrições.

No Mahayana, a generosidade tem três aspectos. O primeiro é no nível material. Isso significa que somos capazes de oferecer ajuda às pessoas necessitadas, sem hesitação, e não ficamos tão apegados aos nossos bens a ponto de não poder compartilhá-los. Este tipo de generosidade atua no nível físico, aliviando a dor física e a necessidade das pessoas.

O segundo aspecto é praticar a generosidade dando proteção, protegendo a vida das pessoas. Isso significa que, se outros estão em perigo, não hesitamos em ajudá-los; não recuamos. Se uma pessoa se encontra dentro de uma casa em chamas, devemos agir para salvá-la. Se suspeitarmos que a criança da casa ao lado está sendo abusada, nem pensamos que a criança não é nossa e que, portanto, não temos nenhuma responsabilidade; agimos para proteger a criança.

A questão, pelo menos para os bodhisattvas, é que devemos fazer o que for preciso, em qualquer momento, para salvar uma vida. E vai além, porque não é apenas a vida humana que precisa ser salva, mas a vida de todos os seres sencientes. Se um bodhisattva moderno, aqui na Austrália, onde moro, estiver dirigindo e acidentalmente atropelar um canguru, ele ou ela para o carro e faz algo para salvar a vida do animal. Dar proteção é o que se chama de generosidade do destemor.

O terceiro tipo de generosidade é dar ensinamentos e conselhos espirituais. Na literatura Mahayana, afirma-se claramente que nesse caso há três aspectos: o primeiro é o objeto da generosidade, a pessoa a quem dirigimos tais ensinamentos. Essa pessoa precisa estar interessada em receber ensinamentos ou conselhos. Se não estiver interessada, não importa o quanto falarmos, não importa quantos conselhos queiramos dar, nada será absorvido. Portanto, não saímos por aí dizendo "Avon chama!". As pessoas podem dizer: "vá embora, não quero ouvir você!". Por que insistir? Mas se uma pessoa tiver uma mente aberta, a situação é viável. Logo, o objeto ou a pessoa devem ser considerados.

O segundo aspecto é a intenção. Quando queremos transmitir ensinamentos ou dar conselhos, devemos fazê-lo com uma intenção pura, não maculada pelo pensamento de que somos melhores ou sabemos mais do que a pessoa que estamos tentando ajudar. A motivação do professor deve ser pura e livre de delusões.

O terceiro aspecto é a forma de transmitir o Dharma. No *Bodhisattva-bhumi*, Asanga diz: "oferecer a dádiva do Dharma significa explicá-lo logicamente e não de uma maneira deturpada, e fazer o discípulo se apegar firmemente ao princípio do treinamento no Dharma". Devemos dar conselhos espirituais aos outros de forma coerente, lógica e eloquente, e de forma que não desperte reações emocionais intensas, pois elas só aumentariam as delusões já presentes nas pessoas que recebem os ensinamentos.

Preceitos Morais (Shila)

A segunda paramita é chamada *shila* (em tibetano, *tsültrim*) ou ética. Uma tradução melhor seria "preceitos morais", porque todas as paramitas estão envolvidas com a ética ou moralidade, não apenas shila. A característica peculiar da paramita shila é que ela se refere à adoção de certos preceitos. No Mahayana, diz-se que sem preceitos somos como uma pessoa sem pés — não podemos nos firmar, não podemos ficar em pé. Como diz um sutra Mahayana: "assim como você não pode andar sem pés, você também não pode se libertar se não tiver ética ou preceitos morais". Em tibetano, *tsültrim* é sempre referido como *tsültrim che kangpa,* que significa "pé dos preceitos morais". Portanto, shila é vista como o fundamento, aquilo que nos fundamenta na prática espiritual ou nos conecta à terra.

A paramita dos preceitos morais tem três aspectos. O primeiro está relacionado à contenção, como nos preceitos contra matar e mentir. É importante não ceder a tais impulsos; devemos exercer alguma forma de coibição.

O segundo aspecto dos preceitos é "reunião do que é saudável", o que significa que não basta simplesmente restringir as formas negativas das ações; tendo exercido a coibição, é preciso se engajar em ações positivas. Por essa razão, a pessoa é aconselhada a se envolver em atitudes mentais saudáveis, como contemplação do amor, compaixão e afeto, e tentar não se envolver em emoções negativas, como amargura, ressentimento, hostilidade e ódio. O termo em tibetano é *gewa chödü*; *gewa* significa "saudável" e *chödü* significa "reunir". Portanto, reunimos tudo o que é saudável e positivo dentro de nós.

O terceiro aspecto dos preceitos é agir para beneficiar os outros, não apenas a nós mesmos. O que distingue a ideia de preceitos Mahayana é a ênfase em beneficiar os outros. Entretanto, os preceitos não devem ser seguidos cegamente, pois não são regras e regulamentos. Não existem princípios morais absolutos. Os preceitos devem ser seguidos com habilidade e não cegamente, o que está conectado com a ideia do Mahayana de *upaya*, "meios hábeis".

Os preceitos morais também não devem ser seguidos por medo de punição ou esperança de recompensa. Isso fica muito claro em outro sutra: "os preceitos morais não devem ser observados para fins de realeza, da felicidade do céu, ou da posição de Indra, Brahma ou Ishvara [isto é, para alcançar os poderes dos deuses]; nem para usufruir de riquezas, nem do mundo das formas e outras experiências. Não devem ser observados por temor aos infernos, ao renascimento entre os animais ou no mundo de Yama. Pelo contrário, a ética ou os preceitos morais devem ser observados para que nos tornemos semelhantes aos Buddhas e tragamos felicidade ou benefício para todos os seres". Os budistas Mahayana diriam que seguir os preceitos morais por recompensa ou por medo pode, de fato, revelar-se um ato imoral.

Paciência (Kshanti)

A próxima paramita é a paciência (*kshanti*), que é vista como o antídoto para a raiva, frustração, ressentimento, hostilidade e coisas do tipo. Uma mente impaciente se torna vítima dessas emoções. Como Shantideva diz no *Bodhisattvacharyavatara*: "quando alguém adota uma atitude marcada pelo ferrão da maldade, a mente não experimenta a paz. Uma vez que não encontramos alegria e felicidade, ficamos insones e inquietos". Se houver ódio na mente, de modo que seja dominada por sentimentos de ressentimento e raiva, ela se tornará inquieta e, como Shantideva diz, não podemos nem mesmo dormir bem. Shantideva prossegue dizendo: "Em resumo, não existe raiva na felicidade; quando nos sentimos felizes, não há raiva. Raiva e felicidade não podem coexistir".

Se quisermos superar o sofrimento — que é o objetivo final do budismo —, devemos superar as tendências negativas da mente, porque estados mentais positivos, como paz e felicidade, não podem coexistir com tendências negativas. Portanto, é importante desenvolver a paciência. Não basta apenas reconhecer os efeitos prejudiciais que essas tendências negativas têm na nossa vida. Precisamos praticar ativamente a paciência a fim de superá-los.

Shantideva também diz: "não existe raiva na felicidade; os amigos de uma pessoa se cansam dela, e mesmo que ela os seduza através da generosidade, eles não a toleram". Enquanto não mudarmos nosso modo de ser, podemos tentar subornar as pessoas com presentes para mostrar nosso afeto, mas eles não se deixarão enganar e deixarão de ser nossos amigos. Portanto, a raiva tem todos os tipos de consequências negativas, não apenas em relação à nossa prática espiritual, mas também em nossa vida em geral.

A prática da paciência tem três aspectos. O primeiro diz respeito a lidar com pessoas negativas; o segundo, trabalhar com situações difíceis; o terceiro, investigar o todo da realidade. Primeiro, o bodhisattva precisa aprender a lidar com pessoas que têm personalidades muito difíceis, que são agressivas, irritantes e perturbadoras. De acordo com muitos ensinamentos Mahayana, a melhor maneira de fazer isso é perceber que, se alguém está completamente dominado pela raiva, devemos pensar que essa pessoa é como alguém mentalmente instável ou que está sob a influência de álcool e, portanto, não está totalmente sob controle. Se agirmos da mesma forma que essa pessoa, não conseguiremos resolver nada. Portanto, precisamos rever a situação de maneira adequada e agir com sensatez.

O segundo aspecto está relacionado a lidar com situações difíceis. Mesmo quando nos deparamos com elas, não devemos ceder ao desespero ou à frustração. Precisamos perceber que a vida não é fácil, que a dificuldade faz parte da vida; não devemos pensar que tudo correrá bem ou cairá no nosso colo, sem que façamos nenhum esforço. Quando surgem dificuldades, devemos tentar exercer a paciência e a tolerância, manter a mente lúcida e não ser influenciados pelo desespero e desesperança.

O terceiro aspecto é chamado de "investigar o todo da realidade", que será discutido mais tarde como parte da paramita da sabedoria. O que isso significa, em resumo, é que o bodhisattva deve ter o entendimento de que tudo ocorre devido a causas e condições. As dificuldades que vivenciamos não são permanentes, porque tudo depende de causas e condições e é transitório. Portanto, não precisamos nos tornar tão fixados ou obcecados pelos problemas que experimentamos em um determinado momento.

Vigor (*Virya*)

A próxima paramita é chamada *virya*, frequentemente traduzido como "esforço"; mas acho que "vigor" é melhor, porque "esforço" faz com que pareça um trabalho árduo! Mas, se tivermos vigor, não precisamos fazer nenhum esforço. Por exemplo, podemos ter que fazer um esforço para levar o lixo para fora, enquanto uma pessoa vigorosa faria isso sem esforço. Com vigor, não vacilamos, nem ficamos emperrados ou abatidos; não ficamos sem energia.

Um sutra Mahayana diz: "a iluminação perfeita e insuperável não é difícil para aqueles que se esforçam, porque onde há esforço, existe iluminação". Até mesmo para obter a iluminação, se houver vigor, não é tão difícil. Se houver uma sensação de vigor, entusiasmo e energia, as coisas não serão tão difíceis. Outro sutra diz: "a iluminação é fácil para quem trabalha incansavelmente". O que essas citações deixam claro é que, se nos empenharmos, alcançaremos resultados. Se os bodhisattvas se empenham em alcançar a iluminação, esse objetivo não fica tão distante, e isso é verdadeiro para todos nós.

A paramita do vigor atua como um antídoto para a preguiça. Nos ensinamentos, existem três tipos de preguiça: a primeira é a preguiça resultante da inatividade ou falta de interesse, pensando que você não pode ser incomodado. Você pode se perguntar: "qual é o sentido? Por que fazer alguma coisa?". Então você fica na cama por três dias seguidos, a louça suja se acumula e assim por diante. O segundo tipo de preguiça vem da falta de confiança, do pensamento: "como uma pessoa como eu poderia conseguir alguma coisa? Mesmo se eu tentasse, não funcionaria". O fracasso é antecipado antes mesmo de acontecer. Com essa atitude, impedimos qualquer tipo de sucesso possível. O último tipo de preguiça tem a ver com a hiperatividade, estar sempre ocupado, fazendo isso e aquilo, trabalhando em três empregos diferentes. Quando você não tem nada para fazer, você faz um telefonema ou visita alguém, movido por uma inquietação constante que impede qualquer coisa de ser realizada. Precisamos praticar a paramita do vigor para superar nossa tendência a esses tipos de preguiça.

Também existem três tipos diferentes de vigor. O primeiro é chamado de "vigor semelhante a uma armadura". Isso significa que tomamos conscientemente a decisão de que, até atingirmos nosso objetivo, não vamos desviar do objetivo. Essa decisão é tomada com firmeza, sem nenhuma distração.

O segundo tipo é o "vigor do trabalho aplicado", e se relaciona ao nosso aspecto físico. Tendo assumido tal compromisso, precisamos nos engajar em *upaya*, ou meios hábeis. Ao interagir com outras pessoas, um bodhisattva deve ser habilidoso; certas tendências negativas podem ter um efeito limitador, enquanto tendências positivas têm um efeito de abertura. Alguns atributos comportamentais podem parecer tão semelhantes que inicialmente não os diferenciamos claramente. Mas, com a prática, um bodhisattva é capaz de discernir as diferenças. Por exemplo, arrogância e autoconfiança podem parecer semelhantes, mas na verdade são bem diferentes. A arrogância estreita a visão, enquanto que a autoconfiança pode ser edificante e expansiva. A agressividade pode ser vista como autoafirmação, e o apego, como afeto; a indiferença pode ser confundida com frieza, e a autoindulgência, confundida como consideração por si mesmo. Gradualmente, por meio da interação com os outros e da prática das paramitas, os bodhisattvas passam a entender o que é hábil e benéfico no trato com os outros.

O último aspecto do vigor, ou esforço, é o "descontentamento". O budismo com frequência fala em superar a insatisfação e o descontentamento, como se essas experiências fossem sempre indesejáveis. Em certos aspectos, entretanto, o descontentamento é necessário. Não importa o que tenhamos conquistado no passado e do qual possamos nos sentir tão orgulhosos, não devemos ficar satisfeitos com isso, mas devemos procurar nos desenvolver e melhorar ainda mais. É um processo contínuo.

Devemos ter o entusiasmo de querer ir cada vez mais longe na relação com os outros e nos desenvolver no plano espiritual e psicológico. Nossas experiências normais de insatisfação, incompletude, necessidade, privação ou sensação de falta podem e devem ser sublimadas em experiências espirituais. Nunca devemos ficar satisfeitos com nosso progresso espiritual, pensando "isso basta" ou "isso é suficiente". Devemos sempre ter fome de experiências mais profundas, mais elevadas e mais ricas no caminho.

VIII

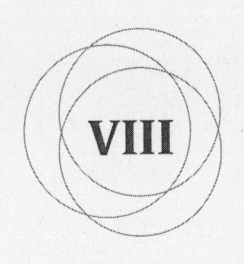

O ELO ENTRE SABEDORIA E COMPAIXÃO

A Paramita da Meditação e os Nove Estágios de Shamatha

A IDEIA MAHAYANA DAS SEIS PARAMITAS NÃO É TÃO DIFERENTE DO NOBRE CAMINHO ÓCTUPLO dos primórdios do budismo. Ambas as práticas enfatizam o cultivo da compaixão e da sabedoria, alcançadas por meio dos três treinamentos de shila, samadhi e prajna — moralidade, meditação e sabedoria. Por meio do desenvolvimento da nossa moralidade, podemos despertar a compaixão e, por meio da meditação, podemos cultivar o insight ou sabedoria.

Se um praticante se dedica a meditar e desenvolve sabedoria, mas é incapaz de desenvolver compaixão, surge uma dificuldade. Por meio da sabedoria, podemos compreender a natureza do eu e ter certa compreensão da realidade, mas sem compaixão somos incapazes de estar no mundo e interagir com outros seres vivos. De modo semelhante, compaixão sem sabedoria pode nos capacitar a interagir com outros seres vivos, mas nossa falta de sabedoria faz com que essa interação se torne poluída com deturpações, equívocos e ilusões.

A paramita da meditação é o elo entre sabedoria e compaixão. É muito difícil praticar as quatro primeiras paramitas de maneira não egocêntrica sem a meditação. Também é verdade que, sem a prática da meditação, é quase impossível desenvolver sabedoria. Portanto, a meditação é a chave para o autodesenvolvimento e para conseguirmos avançar no caminho espiritual.

No Ocidente, o significado da meditação e as razões para praticá-la são entendidas de várias maneiras. A meditação se tornou bastante popular. Muitas pessoas, em especial nas profissões da área da saúde, agora reconhecem seus benefícios. Alguns pensam que a meditação os ajudará a viver mais, a prolongar a juventude, a perder peso, parar de fumar e assim por diante. A meditação pode fazer todas essas coisas, mas, nas tradições orientais, como o budismo e o hinduísmo, ela tem um significado mais profundo. A meditação não é praticada por um motivo específico, como reduzir o estresse, aumentar a concentração durante a prática de esportes ou lidar com a ansiedade. Ela deve ser colocada no contexto de como enxergamos a nossa vida e percebemos o mundo; isso só pode ser fornecido por um certo tipo de perspectiva filosófica ou religiosa.

Muitas pessoas têm medo da noção de religião e dizem: "Quero aprender a praticar meditação, mas, por favor, poupe-me da ladainha oriental. Estou bem disposto a fazer os exercícios de respiração ou qualquer outra coisa que me disserem". Na tradição oriental, a prática da meditação está relacionada com a transformação de nós mesmos de uma maneira fundamental, não apenas mudando um aspecto do nosso eu. Ao nos transformarmos, somos capazes de lidar com tudo que acontece na nossa vida de uma maneira apropriada e significativa.

Meditação é *samadhi,* ou *dhyana,* em sânscrito, e *samten,* em tibetano. Em chinês, foi traduzida como *ch'an,* e no Japão é mais comumente conhecida como *zen,* que é uma corruptela do termo chinês. *Samten* significa "mente estável". *Sam* pode significar "mente" ou "pensamento", e *ten* significa "estável". A mente que não se distrai facilmente, capaz de permanecer focada e concentrada, está em meditação. No Ocidente, meditação pode se referir a pensar ou ponderar sobre um problema, mas nas tradições orientais ela se refere à mente sem distrações, que é capaz de se concentrar no objeto da meditação.

Vimos no capítulo 3 que existem dois tipos diferentes de meditação no budismo. A meditação da tranquilidade, ou *shamatha,* em sânscrito, é chamada de *shi-ne,* em tibetano, que significa "permanecer na paz". A meditação do insight, *vipashyana*, em sânscrito, ou *lhakthong*, em tibetano, significa "visão superior".

Começamos com o aspecto shamatha, ou meditação da tranquilidade, porque, sem tranquilidade, o insight não pode ser desenvolvido. Às vezes, a meditação do insight também é traduzida como "meditação analítica", o que pode sugerir que há algo em comum com meditar sobre um determinado assunto. Mas, embora envolva o uso de pensamentos e conceitos, eles são usados para perceber como pensamentos e conceitos surgem na mente.

Na meditação da tranquilidade, não nos preocupamos com pensamentos e conceitos. Isso não quer dizer que devamos rejeitá-los ou suprimi-los. Devemos observá-los à medida que surgem, percebendo que estão presentes e, a seguir, soltá-los. Na meditação da tranquilidade, não usamos o pensamento como fazemos na meditação do insight. Precisamos entender desde o início quais atitudes impedem ou ajudam nosso progresso na meditação da tranquilidade.

Princípios da Prática

A meditação shamatha não tem um modelo único; ao contrário, há uma grande diversidade de abordagens. De acordo com as tradições budistas em geral, para criar condições adequadas para a tranquilidade surgir, é importante que o meditante controle os sentidos, o gosto pela comida e qualquer outra coisa que tenha o potencial de perturbar ou confundir a mente. Enquanto mantém esse tipo de serenidade, o meditante deve se sentar confortavelmente, adotando o que chamamos de "postura dos nove pontos de Vairochana". Essa postura de meditação é recomendada por ser considerada a mais benéfica. É uma posição de pernas cruzadas, com as mãos apoiadas uma sobre a outra no colo ou apoiadas nos joelhos, ombros levemente alongados, cabeça levemente inclinada para frente, coluna absolutamente reta como uma flecha, olhar voltado para baixo e concentrado na ponta do nariz, boca ligeiramente aberta, ponta da língua tocando o céu da boca e respiração uniforme e relaxada. Subentende-se que a pessoa deve se manter firme e se abster de fazer ajustes na postura. Esse pode ser um ponto importante, tendo em vista o fato de que muitos ocidentais começaram a adaptar as posturas de meditação para atender às suas próprias preferências. Talvez, nesse caso, as preferências individuais não devam ser levadas em consideração (a menos, é claro, que haja uma restrição física debilitante).

Tendo adotado a postura de Vairochana, o meditante deveria concentrar sua mente na respiração. Não precisa ser a respiração; poderíamos usar outros objetos de concentração, como uma imagem do Buddha. No entanto, o uso da respiração para esse propósito é visto por todos os budistas, independentemente da tradição, como a opção mais prática e eficaz. Deve-se respirar de modo natural, sem esforço, e evitar respirar ruidosamente, com tensão e esforço indevido, ou de maneira superficial. Se o meditante persistir em shamatha, aprendendo a coordenar a respiração, sua mente se tornará gradualmente mais tranquila e estabilizada.

No decorrer da shamatha, o meditante precisa se familiarizar com o uso do que chamamos de antídotos. Esses antídotos são usados para neutralizar obstáculos à meditação. O meditante deve saber quais são esses obstáculos e quais são os antídotos. Quando devemos recorrer aos antídotos e quando devemos desistir de usá-los? Saber quando usar os antídotos é tão importante quanto saber quando não usar.

Obstáculos à Meditação

Existem cinco obstáculos ou falhas, oito antídotos e nove estágios que se aplicam à meditação da tranquilidade. (Os cinco obstáculos do Mahayana são diferentes dos cinco obstáculos que discutimos no capítulo 3, em relação ao budismo original.) A primeira falha é a preguiça; a segunda, o esquecimento; a terceira, a sonolência e agitação mental; a quarta, a não aplicação; e a quinta, a aplicação excessiva. Dos oito antídotos, quatro deles são para o obstáculo da preguiça: convicção, inclinação, esforço (ou vigor) e flexibilidade do corpo e da mente. Para lidar com o segundo obstáculo, o esquecimento, usamos o antídoto de voltar a mente para o objeto de meditação (*mindfulness*[4]).

O terceiro obstáculo, sonolência e agitação (são contados como um só), tem o antídoto da consciência alerta (*awareness*[5]). O quarto obstáculo é a não aplicação, para o qual o antídoto é obviamente a aplicação. O quinto obstáculo é a aplicação excessiva; para neutralizá-lo, recorremos ao antídoto da equanimidade.

O *Madhyanta-vibhanga* diz: "todos os objetivos podem ser realizados quando estabilizamos a mente em tranquilidade e a tornamos flexível, abandonando as cinco falhas com a aplicação dos oito antídotos. Estabilizar a mente em tranquilidade é a causa, a tranquilidade é o efeito. Lembrar do benefício da tranquilidade, detectar a preguiça e a agitação, abandonar as falhas ou obstáculos, aplicar os antídotos, alcançar a tranquilidade intrínseca — esses são os oito antídotos". Esse texto usa termos ligeiramente diferentes para expressar a importância de ser capaz de lidar com esses cinco obstáculos com a aplicação dos oito antídotos. Os meditantes que não desenvolveram a habilidade de detectar os obstáculos, ou que detectaram os obstáculos, mas não foram capazes de usar os antídotos, são privados da experiência da tranquilidade.

PREGUIÇA

Existem três tipos de preguiça, o primeiro obstáculo. O primeiro dá origem a atitudes autodestrutivas, como pensar que não temos a capacidade de nos aperfeiçoar por meio do nosso próprio esforço. Achamos que os obstáculos são tão grandes que é im-

---

4 | 5. N. T. O termo *mindfulness*, em geral traduzido como atenção plena em muitos contextos, foi traduzido aqui de acordo com o sentido original: lembrar de voltar a mente para o objeto de meditação quando o meditante percebe que se distraiu. A ação mental de perceber a distração e retornar ao objeto é *mindfulness*, aqui traduzido simplesmente como "atenção ao objeto". O termo *awareness* foi traduzido como "consciência alerta", uma qualidade de estar vigilante e alerta, percebendo o que está ocorrendo na mente.

possível fazer qualquer progresso por conta própria. O segundo tipo de preguiça é a que surge dos padrões habituais. Mesmo que tenhamos o desejo de meditar e mesmo percebendo que é muito útil, por estarmos acostumados a um certo modo de vida, ou por causa das amizades que temos ou dos tipos de propensões internas que podem estar presentes, podemos não ser capazes de superar esses obstáculos. O terceiro obstáculo é a falta de interesse. Pensamos: "qual é o sentido de meditar? Isso realmente não vai mudar muito as coisas e depois ainda serei o mesmo". Com essa forma de pensar, a meditação pode ser percebida como uma perda de tempo.

Para superar esses três tipos de preguiça, aplicamos quatro antídotos diferentes. O primeiro é a convicção, o que significa que refletimos sobre a nossa situação e pensamos sobre os benefícios da meditação. Examinamos o prejuízo contínuo que poderíamos criar se não meditarmos e percebemos quanto sofrimento é gerado pela incapacidade de voltar ao objeto de meditação e desenvolver uma consciência alerta. Por exemplo, poderíamos ver como, em um momento de raiva, reagimos a pessoas ou situações de uma maneira que mais tarde nos arrependemos, desejando que tivéssemos nos controlado.

No budismo, falamos sobre três portas pelas quais criamos efeitos cármicos: corpo, fala e mente. Podemos perceber quanto prejuízo é criado devido à falta de atenção aos nossos estados, seja físico, verbal ou mental. Se esse tipo de atenção e consciência alerta estivessem presentes, talvez não tivéssemos que lamentar as coisas destrutivas que fizemos, dissemos e pensamos. Muitos psicólogos hoje chamam a raiva, a hostilidade e o ciúme extremados de "emoções tóxicas". No budismo tibetano, tais emoções são chamadas de venenos, portanto, o significado é semelhante.

As pessoas hoje em dia podem se sentir muito confusas a respeito das emoções, porque às vezes nos dizem que é bom nos afirmarmos e "ser alguém". Por outro lado, quando agimos de maneira agressiva, podemos ser castigados e humilhados por isso. O mesmo pode ser dito do ciúme. Em algumas situações, se não demonstramos ciúme, nossos parceiros podem nos acusar de não amá-los o bastante. Mas, em outra situação, uma demonstração de ciúme pode suscitar acusações de possessividade. Todas essas emoções podem ter um efeito tóxico, e é importante perceber como podemos controlá-las por meio da prática da meditação, nos tornando focados e atentos. Portanto, precisamos desenvolver a convicção, o primeiro antídoto. A convicção só pode surgir se estivermos convencidos dos benefícios da meditação e do prejuízo que as emoções conflitantes causam em uma mente confusa e distraída.

Uma vez que a convicção tenha sido desenvolvida, devemos prosseguir com o cultivo do que chamamos de inclinação. Se tivermos a real convicção de que a meditação funciona e de que devemos mantê-la como parte da nossa prática, então a inclinação para praticar surge mais naturalmente do que se não tivéssemos convicção e tratássemos a meditação de maneira indiferente. Quando a inclinação está presente, o terceiro antídoto para a preguiça — o vigor — pode ser aplicado. Quando há convicção e inclinação, não é difícil sentirmos entusiasmo com a prática da meditação, e uma sensação de vigor surge facilmente como resultado do desenvolvimento da inclinação.

Todo esse processo leva ao antídoto final, que é a flexibilidade do corpo e da mente. Quando não meditamos, a mente e o corpo podem se tornar rígidos. A postura e a expressão facial são rígidas, os músculos são tensos e distendidos e, consequentemente, a mente também é muito rígida e inflexível. Por meio da prática da meditação e da aplicação dos antídotos, o corpo e a mente vão se tornar flexíveis. Isso contribui para o desenvolvimento de um estado mental tranquilo.

ESQUECIMENTO

O segundo obstáculo ou falha é o esquecimento, e o antídoto para ele é voltar a mente para o objeto de meditação. Essa atenção é desenvolvida focando a mente em um objeto externo. Os meditantes são comumente aconselhados a usar um objeto pequeno, como uma pedrinha ou um pedaço de madeira, e a atenção é ancorada nesse objeto. Depois de um tempo, o foco da atenção pode ser transferido para a respiração. No início, isso pode ser feito contando a respiração — contando até cinco, cinquenta, o número que for —, e depois voltar e começar tudo de novo, repetindo esse processo várias vezes. Por fim, os processos mentais de pensamentos e emoções que surgem na mente podem ser usados como objetos de meditação. Em todos esses casos, o mais importante é não esquecer de voltar ao objeto de meditação quando percebemos que nos distraímos ou perdemos a atenção.

Tão logo tivermos esse entendimento, devemos nos esforçar para retornar ao objeto de meditação. É claro que também podemos praticar esse tipo de atenção na vida cotidiana — enquanto dirigimos, lavamos a louça, levamos o cachorro para passear. Se formos capazes de concentrar a nossa mente em tudo o que estamos fazendo, isso é visto como parte da prática de meditação.

SONOLÊNCIA E AGITAÇÃO

O terceiro obstáculo ou falha é a sonolência ou torpor e agitação, e esses dois são contados como um. Para neutralizar essas duas tendências, aplicamos a consciência alerta. À medida que começamos a desenvolver e cultivar a atenção ao objeto externo, concentrar a nossa mente na respiração, nos nossos processos mentais e assim por diante, torna-se possível praticar a consciência alerta. Se não desenvolvermos esse tipo de atenção, é quase impossível ter consciência desses dois obstáculos fundamentais à meditação: torpor ou sonolência e agitação mental. Mesmo que nenhum pensamento particularmente perturbador surja na mente, ou nenhuma emoção forte e violenta esteja presente, e haja uma aparência de calma, contudo, não existe uma verdadeira sensação de clareza. A mente está embotada, o que pode levar a uma sensação de sonolência ou letargia. Isso é mais difícil de detectar do que a agitação mental, a incessante tagarelice e diálogos internos e o surto das emoções que podem perturbar o nosso estado meditativo. A consciência alerta deve ser aplicada para detectar se o torpor ou a agitação mental está presente.

NÃO APLICAÇÃO E APLICAÇÃO EXCESSIVA

O quarto obstáculo é a não aplicação, que significa ser incapaz de aplicar os antídotos: os quatro em relação à preguiça, um em relação ao esquecimento e um em relação ao torpor e à agitação. Precisamos nos esforçar para usar esses antídotos sempre que forem apropriados.

O quinto obstáculo é a aplicação excessiva. Depois de praticar por um certo período, podemos descobrir que, mesmo quando desnecessário, por hábito, ainda usamos os antídotos, em vez de deixar a mente em um estado natural de tranquilidade. O antídoto da equanimidade deve ser usado nesse caso.

É assim que os oito antídotos se relacionam com as cinco falhas ou obstáculos. Obviamente, a prática da meditação é um processo muito longo e árduo; pode nem sempre ser muito agradável e não necessariamente levar a uma experiência duradoura de bem-aventurança. Como Saraha, famoso *mahasiddha* (iogue tântrico) indiano, disse: "quando aplico grande esforço e me agarro ao objeto, fico agitado; quando uso menos esforço, sou dominado pelo torpor. É difícil equilibrar essas duas tendências. Quando me dedico à meditação, minha mente fica perturbada".

É sempre uma questão de tentar encontrar um equilíbrio ao aplicar os antídotos. Meditação é aprender a aplicar os antídotos quando necessário e não os aplicar em demasia, ou quando não são realmente necessários. Isso é algo que temos que descobrir por conta própria.

Os Nove Estágios de Shamatha

Os cinco obstáculos e oito antídotos estão relacionados aos nove estágios de shamatha. O primeiro estágio é chamado de "repousar a mente". No início, estamos por um lado constantemente lutando contra os obstáculos e, por outro, fazendo uso de antídotos. Gradualmente, podemos ser capazes de repousar a mente por um curto período de tempo, antes que os obstáculos surjam e interrompam esse estado meditativo. Devido à falta de experiência, talvez não sejamos capazes de usar os antídotos com eficácia e, portanto, podemos achar muito difícil retornar ao objeto de meditação. Fantasias, emoções e pensamentos podem nos oprimir, tornando tudo muito complicado.

Mas, fazendo um esforço consistente, chegaremos ao próximo estágio, que é chamado de "repouso contínuo". Nesse estágio, desenvolvemos uma capacidade maior de atenção ao objeto e consciência alerta, de modo que, quando surgem os obstáculos, podemos retornar ao objeto de meditação, em vez de ficar dominado por eles. Tanto no primeiro quanto no segundo estágio, a preguiça é o obstáculo predominante, caracterizado pela falta de interesse, falta de inclinação para a meditação ou falta de convicção sobre os benefícios da meditação. Quem medita deve contemplar constantemente esses pontos. Devemos refletir sobre a nossa vida e nossas experiências, considerando como sofremos por causa dos nossos pensamentos errôneos e distorcidos e das nossas emoções negativas conflitantes.

O terceiro estágio da meditação da tranquilidade é chamado de "repouso repetido" da mente (às vezes traduzido como "repouso reparador"). Nesse nível, não apenas temos uma capacidade maior de voltar a atenção para o objeto, mas também desenvolvemos habilidades para lidar com os obstáculos do torpor e da agitação. Ser capaz de permanecer com o objeto de meditação é apenas o primeiro passo; estar ciente dos obstáculos fundamentais de torpor e agitação é a habilidade desenvolvida aqui.

O quarto estágio é chamado de "repouso imediato". Tão logo um certo obstáculo surja, podemos retornar ao objeto de meditação por meio da atenção ou percepção dos obstáculos do torpor e da agitação mental sempre que ocorrerem. O nível de distração diminuiu enormemente. Nesse estágio, não sofremos mais com o segundo obstáculo do esquecimento — ser incapaz de retornar ao objeto de meditação — e, portanto, a prática da atenção ao objeto foi mais ou menos adquirida. Entretanto, a preguiça ainda está presente, assim como os outros obstáculos, mas não surgem formas grosseiras de agitação mental.

Os obstáculos do torpor e da agitação mental podem se manifestar tanto em formas grosseiras quanto sutis. Os meditantes que alcançaram o quarto estágio foram capazes de superar não apenas o obstáculo do esquecimento, mas também uma parte do terceiro obstáculo, torpor e agitação mental. O torpor ainda não foi tratado, mas uma parte da agitação foi superada, particularmente em seus aspectos mais aparentes. Há uma necessidade crescente de contar com a consciência alerta em maior grau, em vez da atenção ao objeto. Precisamos estar mais alertas para detectar o obstáculo do torpor e da agitação mental, uma vez que já atingimos o domínio da prática de voltar para o objeto, e o esquecimento não causa problemas nesse estágio. Os meditantes devem aplicar rigorosamente o antídoto da consciência alerta e não precisam se preocupar com a aplicação excessiva.

O quinto estágio é conhecido como "disciplina vigorosa". Uma vez que a plena atenção ao objeto foi alcançada, há uma sensação de tranquilidade maior, e a mente não é agitada ou perturbada de maneira desconfortável. No entanto, a literatura diz que esse estágio é muito perigoso. Tendo sido capazes de superar um nível grosseiro de agitação mental, os meditantes podem se tornar complacentes ou sofrer de puro tédio, sem emoções ou pensamentos ocupando a mente. Como não há uma real agitação ocorrendo, os meditantes podem ser particularmente vulneráveis ao obstáculo do torpor. Em vez de ser capaz de repousar em um estado de tranquilidade com clareza, a mente pode ficar completamente privada de clareza. Uma sensação de tédio e falta de interesse pode se instalar, enquanto o obstáculo da preguiça ainda não foi superado. Nesse estágio, deve-se prestar atenção especial ao obstáculo do torpor, sonolência ou letargia.

O sexto estágio da meditação da tranquilidade é chamado de "pacificação". Aqui, os meditantes são capazes de lidar não só com o nível grosseiro da agitação mental, mas também com os obstáculos que se originam do torpor, particularmente em sua forma grosseira. As formas sutis de torpor ainda não foram superadas porque esse obstáculo é geralmente mais difícil de se detectar do que o da agitação mental.

O sétimo estágio de shamatha é conhecido como "pacificação total". Nesse nível, a preguiça ainda pode surgir de vez em quando, mas não apresenta grandes problemas porque a convicção está tão arraigada, que não somos seduzidos pelas diferentes tendências da preguiça. Formas sutis de torpor e agitação também podem continuar ocorrendo nesse estágio. Devemos continuar vigilantes para não praticar a aplicação excessiva. Meditantes de longa data podem continuar a usar antídotos por hábito, quando na verdade deveriam usar formas sutis de consciência para superar certos obstáculos. Em vez de aplicar deliberadamente a consciência alerta, por exemplo, deveriam exercitar a consciência de uma forma suave e mais imparcial. Precisam praticar a equanimidade e, gradualmente, tentar romper com a atitude de ver os obstáculos como maus e os antídotos como bons. Deveriam perceber que, por meio da prática das formas sutis de consciência, é possível atingir o estado de tranquilidade sem esforço, sem ter que aplicar conscientemente os antídotos relevantes. Por essa razão, os mestres do passado sugeriram que nesse ponto o meditante deveria relaxar e tentar repousar naturalmente em um estado de tranquilidade, em vez de aplicar vigorosamente os antídotos.

O oitavo estágio é o "unificado". Agora superamos todos os obstáculos, até mesmo o obstáculo fundamental do torpor e da agitação mental, nas suas formas grosseiras e sutis (ou manifestas e ocultas). Não precisamos aplicar a consciência alerta para nos mantermos em um estado de tranquilidade, pois os obstáculos não apresentam mais problemas. É aqui que um estado unifocado é alcançado. A meditação se tornou algo natural, um modo de ser, em vez de algo que deve ser criado para afastar obstáculos com o uso de antídotos.

O nono e último estágio é chamado de "repousar em equilíbrio", que é mais ou menos o ponto culminante da prática de shamatha e leva ao domínio completo da flexibilidade do corpo e da mente.

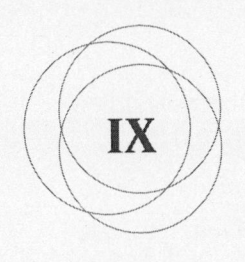

IX MEDITAÇÃO DO INSIGHT
A Paramita da Sabedoria e a Escola Madhyamaka

A SEXTA PARAMITA ESTÁ RELACIONADA COM A MEDITAÇÃO DO INSIGHT (VIPASHYANA). Enquanto a meditação da tranquilidade é orientada para estabilizar a mente, a meditação do insight é voltada para gerar insight ou sabedoria. Quando praticamos a meditação da tranquilidade, estamos interessados apenas em aprender a acalmar a mente e superar as distrações em relação a pensamentos e emoções. A meditação do insight, por outro lado, faz uso dos pensamentos e conceitos. No entanto, ela deve ser baseada na meditação da tranquilidade.

De acordo com o Mahayana, a sexta é a mais importante de todas as paramitas, pois sem discernimento ou sabedoria, todas as outras paramitas permanecem no nível mundano, incapazes de assumir significado espiritual. Paramitas como generosidade, paciência, vigor e até mesmo a prática da meditação da tranquilidade seriam corrompidas pelos nossos hábitos ou por conflitos emocionais e ilusões profundamente arraigados. Mas é possível superar esses obstáculos com a prática da meditação do insight, para que a nossa prática das outras paramitas possa ser genuína e não transitória. A meditação do insight envolve formas de reflexão e contemplação, usando pensamentos e conceitos, e com seu cultivo começamos a compreender mais sobre nós mesmos e nossa relação com o mundo externo e a realidade.

A prática das outras paramitas, que são orientadas para o desenvolvimento da compaixão, não é suficiente para sermos capazes de alcançar a iluminação e tampouco podemos fazê-lo cultivando sabedoria apenas. No entanto, com a prática da meditação do insight, todas as paramitas podem ser adequadamente integradas e a iluminação alcançada. Sabedoria e compaixão devem andar de mãos dadas. Esse é um ponto muito importante. As pessoas costumam criticar os budistas por não terem consciência social. Dizem que enfatizamos a ideia de iluminação, altruísmo (ou não eu) e meditação, enquanto negligenciamos os aspectos sociais da vida cotidiana. Mas a ênfase em compaixão no Mahayana significa que nosso envolvimento com outros seres humanos e outras criaturas vivas é tão importante quanto passar um tempo sozinho em meditação silenciosa.

Atisha diz em *The Lamp of Enlightenment* (*Changchup Lamdön*): "uma vez que insight sem compaixão e compaixão sem insight foram chamados de prisão, eles não devem ser separados um do outro". É importante que passemos algum tempo em meditação, tentando compreender a nós mesmos e nossa relação com o mundo. Ao mesmo tempo, é importante nos envolvermos em várias atividades físicas que serão benéficas para nós e para os outros. No Mahayana, a compaixão tem uma conotação mais ampla do que o nosso entendimento normal dessa palavra. Aqui, a compaixão envolve sermos generosos, tolerantes e compreensivos com todos os seres. Ela não é gerada apenas em relação a pessoas destituídas de bens materiais ou que sofrem de aflições emocionais.

Os tipos de reflexões praticadas na meditação do insight têm relação com a forma meditativa de pensar. Mais do que especulativa, trata-se de uma forma de pensar que se relaciona com a vida prática. Isso significa que o engajamento nesse tipo de reflexão deve ter um efeito imediato em termos de nos transformar. Deve transformar nosso modo de ver a nós mesmos e o mundo. Portanto, embora a meditação do insight faça uso do raciocínio e da lógica, ela não lida apenas com questões abstratas. Ela trata de questões reais, de como vivemos e experimentamos o mundo.

Por essa razão, na meditação do insight, contemplamos a pergunta: o que é o eu? Também contemplamos a relação entre o eu e o mundo externo, e a natureza da realidade última. Este tipo de reflexão é considerado muito importante, mesmo se já meditamos há muito tempo. Se estivermos praticando a meditação da tranquilidade, mas não estivermos envolvidos com a meditação do insight, não seremos capazes de obter uma compreensão real do que se entende por "eu" ou qual é a nossa relação com o mundo e a realidade última. Se não tivermos esse entendimento, a ignorância, a causa raiz do sofrimento, nunca será erradicada.

Madhyamaka: A Escola do Caminho do Meio

Vários aspectos da filosofia budista Mahayana são frequentemente usados como base da meditação do insight. Existem duas escolas principais do Mahayana: uma é Madhyamaka, a Escola do Caminho do Meio, e a outra é chamada Yogachara ou Chittamatra. Começaremos com a Madhyamaka.

No primeiro capítulo, mencionei a ideia do Caminho do Meio e de como nossa compreensão de nós mesmos, da natureza do mundo e da realidade última normalmente cai nos extremos do eternalismo ou do niilismo. Como eternalistas, acreditamos na existência de um eu permanente, constante e imutável por trás ou além do nosso corpo e das nossas experiências usuais de pensamentos, sentimentos, emoções e memórias. No niilismo, pensamos que não existe essa coisa chamada eu, que não existe nem mesmo mente e que apenas o mundo material é real. Nessa posição materialista, qualquer conceito de um eu ou mente é reduzido aos processos cerebrais ou às funções biológicas.

Diferentes filosofias e religiões postulam a noção de uma realidade imutável ou Absoluto. Algumas pessoas a entendem de uma maneira pessoal e teísta, enquanto outras entendem mais de uma maneira impessoal e metafísica. Mas, em ambos os casos, há uma crença em uma realidade imutável, permanente e absoluta que é substancial e inerentemente existente. Além disso, fenômenos físicos como mesas, cadeiras, montanhas, casas e pessoas são vistos como tendo uma existência inerente e uma essência ou substância duradoura. De acordo com o Mahayana, essa crença é baseada na ignorância, e a noção de uma existência duradoura gera sofrimento. O sábio budista Dignaga diz: "quando há um eu, a pessoa se torna consciente do outro. A partir de "eu" e "outro" surge a crença na existência independente, e do antagonismo resultante da união desses dois surge todo o mal".

Em função das nossas emoções conflitantes, nossa sensação de ansiedade, nosso senso de desenraizamento e alienação, surge essa noção de que existe um eu que está trancado no nosso próprio corpo e completamente independente de um mundo externo. Quando esses conceitos são formados, todos os tipos de emoções conflitantes surgem, tais como avidez, apego, desejar certas posses, aversão, hostilidade e tentar afastar as coisas que desejamos evitar. A partir disso, como Dignaga aponta, surgem todos os tipos de mal e sofrimento. A filosofia Madhyamaka usa o conceito de vacuidade como um remédio terapêutico para esses males das criaturas samsáricas. Perceber que nenhuma essência é inerente aos objetos empíricos diminui nossa tendência de nos apegarmos às coisas. O entendimento da vacuidade nos permite ver o mundo como ele é e nos permite não acreditar no mundo como ele aparenta ser para a nossa mente equivocada. Vacuidade, ou *shunyata*, na filosofia Madhyamaka, não significa que as coisas não existam. Não significa que nossa experiência cotidiana do mundo seja de alguma forma completamente errônea, que tudo seja um sonho. Muitas pessoas no Ocidente pensam que é exatamente isso o que a tradição Mahayana está dizendo. Só porque as coisas não têm existência inerente, ou uma essência permanente e duradoura, não significa que não existam. Montanhas, cadeiras, mesas, casas, pessoas, carros e televisões existem, mas não têm existência *inerente*.

Como surge esse erro? O erro não está em pensar que as coisas existem, mas em pensar que essas coisas têm algum tipo de substância que perdura. Criamos problemas na nossa vida precisamente porque damos muita importância às coisas, pensando que elas têm uma essência duradoura. Daí nos tornamos muito sérios, começamos a agarrar, a nos apegar e não conseguimos nos desprender. Mas, se pudermos ter o entendimento de que as coisas não têm uma essência ou substância duradoura, então podemos nos tornar mais flexíveis, menos opinativos e mais complacentes. Vacuidade significa ausência de existência inerente, ou ser vazio de essência ou substância.

A filosofia Madhyamaka usa todos os tipos de raciocínio para provar que as coisas não têm uma essência duradoura. Darei apenas um exemplo aqui, que tem relação com a causalidade. Nagarjuna, o fundador da Madhyamaka, diz em seu texto conhecido como *Mulamadhyamaka-karika* que "nunca, em nenhum lugar, são conhecidos quaisquer entes originados a partir de si, a partir de outro, a partir de ambos, de si e de outro, e também privados de causa".[6] Isso significa que as coisas não surgem devido a uma causa auto existente dando origem a um efeito auto existente. Se uma coisa surgiu por si mesma, totalmente independente de tudo o mais, ela deveria ser capaz de dar origem contínua a certos efeitos, mas isso não acontece.

As coisas também não surgem de algo diferente de si mesmas, outra entidade auto existente. Se fosse o caso, não haveria relação causal entre a própria coisa e a outra. Deve haver algum tipo de relação homogênea entre causa e efeito, que não é passível de ser obtida se pensarmos nessa coisa e algo mais que lhe dá origem como sendo ambas autoexistente e totalmente independente uma da outra. As coisas não podem se originar tanto de si mesmas e de outras, porque essa posição envolveria os erros das duas posições anteriores. Se uma coisa se origina de algo di-

---

6. N. T. Versos Fundamentais do Caminho do Meio (Mulamadhyamakakarika), Nagarjuna; tradução e comentários de Giuseppe Ferraro, Editora Phi, pág. 39

ferente de si mesma, toda a ideia de causalidade é colocada em risco e tudo se torna aleatório; qualquer coisa seria capaz de dar origem a qualquer outra coisa. Como disse Nagarjuna, isso levaria a um colapso completo de toda a ideia de causalidade. Para concluir, as coisas não existem sem uma causa.

Originação Interdependente (Pratitya-samutpada)

Como, então, as coisas se originam? Elas vem a existir devido ao que chamamos de originação interdependente, ou *pratitya-samutpada* — isto é, devido a causas e condições. Isso implica que as coisas não têm existência inerente, porque, se tivessem qualquer tipo de essência ou existência independente, não haveria necessidade de toda a ideia de causalidade. Nagarjuna diz: "a originação da existência inerente a partir de causas e condições é ilógica, pois, se a existência inerente se originasse a partir de causas e condições, todas as coisas se tornariam contingentes. Como poderia haver existência inerente contingente? Pois a existência inerente não é contingente; nem é dependente de outro ser. Portanto, a própria ideia de causalidade envolve a noção de que as coisas são contingentes. Não há nenhum ser que possa existir por si mesmo sem depender de qualquer outra coisa; não há nenhum ser autossuficiente. Tudo é interdependente. Tudo o que existe tanto no plano físico quanto no mental envolve a ideia de interdependência, ou *pratityasamutpada*".

Os mestres do budismo Mahayana dizem que há duas coisas nos bloqueando ou impedindo de apreciar esse fato. A primeira é um obstáculo adquirido, e a outra é inata. O obstáculo adquirido é o da educação e dos acréscimos culturais ou religiosos. Não quero usar a palavra *lavagem cerebral*, embora isso venha imediatamente à mente. Fomos inculcados de tal maneira que não paramos para avaliar a verdade do que absorvemos por meio da educação e de certos conceitos familiares. Deixamos de examinar, apenas aceitamos as coisas como fatos, sejam elas verdadeiras ou não. Essas ideias podem estar relacionadas a qualquer uma das duas visões extremas do eternalismo ou do niilismo.

O outro obstáculo é inato, o que significa que dentro da condição humana existe uma crença instintiva de que as coisas têm uma essência duradoura, mesmo que essas ideias não sejam formuladas ou articuladas. Diz-se que o primeiro obstáculo é mais fácil de lidar porque, por meio da compreensão intelectual (da filosofia Madhyamaka, por exemplo), podemos nos livrar de muitos desses equívocos. O obstáculo inato é mais difícil de superar. Mesmo quando sabemos algo intelectualmente, em geral, é apenas por meio da experiência direta que podemos obter um entendimento que muda fundamentalmente nossa maneira de pensar. Por essa razão, precisamos ter uma experiência imediata da vacuidade. Contudo, uma compreensão intelectual e uma experiência direta estão relacionadas por meio do entendimento mediado pelo uso de conceitos, da razão e assim por diante. A compreensão conceitual pode nos apontar a direção correta e então podemos ter uma compreensão intuitiva ou imediata da vacuidade.

Os zen-budistas usam o exemplo de apontar o dedo para a lua. Os conceitos são úteis, desde que não olhemos para a ponta do dedo em vez da lua. O dedo apontando para a lua pode ser útil porque você sabe para onde olhar. Da mesma forma, a compreensão conceitual não deve ser subestimada. Mesmo que não entregue o produto final, por assim dizer, ela é essencial. Por meio da compreensão conceitual, desenvolvemos gradualmente a compreensão intuitiva, que desmantela a crença inata e instintiva de que as coisas têm essência, substância ou existência inerentemente duradoura.

Vacuidade (Shunyata)

Por meio desse tipo de análise, o meditante chega à conclusão de que a realidade não incorre em nenhum dos dois extremos do eternalismo ou do niilismo. Tanto o Buddha quanto Nagarjuna disseram que a ideia da originação interdependente é idêntica ao conceito de vacuidade.

Nagarjuna disse que vacuidade é originação interdependente e originação interdependente é vacuidade. Portanto, quando dizemos que as coisas são produzidas de forma interdependente, ou que as coisas são originadas pela interdependência de causas e condições, isso é o mesmo que dizer que as coisas são vazias por natureza. Nagarjuna não deixa nenhuma dúvida sobre esta questão; ele diz: "aquilo que se origina de forma dependente, chamamos vacuidade. Esse entendimento é a compreensão do Caminho do Meio. Uma vez que não há absolutamente nada originando-se independentemente, não existe nada que não seja vazio. Portanto, vacuidade e originação interdependente significam a mesma coisa, e esse é o Caminho do Meio".

Por meio da compreensão da vacuidade baseada na originação interdependente, somos capazes de formar a visão correta, que evita esses dois extremos de eternalismo e niilismo. Na filosofia Madhyamaka, a realidade última não é vista como algo que existe fora ou acima da realidade empírica com a qual somos confrontados todos os dias. Pelo contrário, vacuidade é a natureza do próprio mundo em que vivemos, e a natureza do mundo empírico é a realidade última.

Normalmente, na filosofia e na religião é feito um nítido contraste entre criação e criador. Existe uma grande lacuna entre a realidade última e a realidade empírica. Isso é verdadeiro para o sistema metafísico ocidental, no qual o último é atemporal, imutável e puro, enquanto a realidade empírica é impura, mutável e imperfeita. A visão do Caminho do Meio é postular uma relação dialética entre a realidade empírica e a realidade última, onde estas não podem ser separadas. A realidade última é encontrada no meio da realidade empírica e não em outro lugar; e a realidade empírica não é negada ou subestimada: esse é o Caminho do Meio.

Longe de ser uma ideia niilista, vacuidade é de fato uma ideia muito positiva. É por causa da vacuidade que qualquer coisa pode existir. Se as coisas tivessem uma essência ou substância duradoura de algum tipo, teríamos de ter o conceito de um mundo estático. Mas o mundo é dinâmico; não é que a vacuidade faça com que as coisas se originem, mas permite que se originem, assim como o espaço permite que as coisas sejam. O espaço é frequentemente usado como uma analogia para o conceito de vacuidade. Se o espaço é ocupado por uma coisa, não há espaço para outra coisa estar lá. É por causa do espaço que tudo e qualquer coisa pode vir a existir. De maneira semelhante, a vacuidade permite que as coisas passem a existir. Sem vacuidade nada poderia existir.

Porque é inconcebível pensar em coisas que não venham a existir, ou que existam eternamente, Nagarjuna coloca a seguinte questão no *Mulamadhyamaka-karika*: "quando shunyata for estabelecido, o mundo inteiro será estabelecido. Quando shunyata não é realizado, é absurdo pensar que o mundo todo é real". Portanto, shunyata, em vez de deturpar o mundo, o afirma; pois, é graças à vacuidade que o mundo existe, que existimos, e que existe um caminho espiritual e uma finalidade espiritual.

Outra forma de entender a relação entre a realidade empírica e a realidade última, de acordo com a filosofia Madhyamaka, é por meio das noções das duas verdades: verdade relativa ou convencional e verdade absoluta ou última. A verdade relativa se refere a uma percepção do mundo empírico tal como ele existe. Isso também pode incluir nossas maneiras distorcidas de apreender esse mundo, por meio das quais pensamos que o mundo tem algum tipo de existência inerente. A verdade última se refere à percepção da realidade última como vacuidade, por meio de compreensão intuitiva, insight e sabedoria.

Nagarjuna afirma que é por meio da compreensão da verdade relativa que podemos chegar à compreensão da verdade absoluta. Se ignorarmos ou rejeitarmos nossa experiência do mundo como ele é, nunca poderemos obter qualquer insight. Como ele diz, a verdade última não será entendida se não for dependente da verdade relativa. Novamente, com esse conceito das duas verdades, podemos ver como elas se inter-relacionam, e que a verdade última não é algo que existe independentemente da verdade relativa. Na verdade, a última é compreendida apenas com a compreensão da relativa, porque a verdade última é, de fato, a natureza da verdade relativa. Somente com esse entendimento podemos estabelecer a visão do meio, que é o significado do nome da escola Madhyamaka.

É muito importante compreender que rejeitar a existência inerente das coisas não significa rejeitar as coisas como tais — como casas, carros e assim por diante. Nagarjuna nos adverte repetidamente contra interpretar a vacuidade dessa maneira, e ele não é o único a fazer isso. Em outros sutras Mahayana, a mesma observação foi feita. Em um texto conhecido como *Könchok Tsekpa*, o Buddha diz: "é melhor assumir a existência de um eu real, embora essa visão seja tão grande e óbvia quanto o Monte Meru[7]. Ainda assim, a presunção de acreditar em shunyata como uma entidade não existente é pior."

Mesmo se alguém não tiver uma compreensão adequada da não existência inerente do eu e assumir que existe um eu permanente e imutável, Nagarjuna diz que isso é melhor do que pensar que não existe nenhum eu ou que tudo é não existente. Afinal, existe um valor prático cotidiano em ter uma noção convencional de um eu e da existência convencional de coisas e entidades. A visão niilista, por outro lado, é extremamente perigosa, porque mina todas as preocupações éticas da teoria e prática budista. Nagarjuna vai mais longe ao dizer que qualquer indivíduo que acredite que as coisas têm uma essência ou substância duradoura é tão estúpido quanto uma vaca, mas dizer que as coisas não têm existência alguma é ainda mais estúpido (com todo o devido respeito às vacas).

---

7. Monte Meru é a "montanha do globo terrestre" que fica no centro do universo.

Além disso, o sábio não se apega à existência nem à não existência — esse é o Caminho do Meio. Aqueles que desenvolveram o insight por meio da reflexão, contemplação, análise e meditação são capazes de se elevar acima de tais noções. É por isso que a sabedoria é a mais importante das seis paramitas, porque sem ela todas as outras não têm significado. Sem ela não teríamos o entendimento de que as outras paramitas não possuem uma existência inerente. O mesmo ocorre com os preceitos ou princípios morais. Tal compreensão pode ser obtida apenas por meio do cultivo do insight, tendo uma compreensão apropriada da realidade e da natureza do eu.

Este ponto é esclarecido por Buddha em um sutra: "mesmo que alguém tenha mantido os preceitos morais por muito tempo e tenha praticado a meditação da tranquilidade por milhões de éons, se não entender adequadamente o ensinamento de shunyata, nenhuma liberação é possível. Aquele que sabe que toda a realidade não tem uma existência inerente, nunca se apegará a ela".

Esse é o ponto essencial: por meio da compreensão da vacuidade, a pessoa é capaz de superar o desejo de agarrar, o apego e a avidez. O bodhisattva busca superar o apego, não para se desapegar ou ficar indiferente ao mundo, mas para se envolver ainda mais com o mundo. Não há mais dualidade existente entre o bodhisattva e os outros — entre o eu e o mundo — porque o eu e o mundo têm a mesma natureza, que é a vacuidade. Portanto, os bodhisattvas são capazes de executar suas atividades compassivas de uma maneira muito mais benéfica e abrangente. Como esse sutra em particular esclarece, mesmo que estejamos fazendo a coisa certa de acordo com os princípios morais, sem sabedoria não somos capazes de obter benefício pleno.

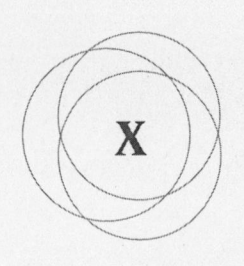

X O PAPEL DA MENTE
A Escola Yogachara e a Natureza Búdica

A OUTRA ESCOLA DE FILOSOFIA MAHAYANA É CONHECIDA COMO YOGACHARA. *Yoga*, neste contexto, significa "meditação", enquanto *chara* significa "prática", então *Yogachara* foi traduzido como "a escola de meditação", enfatizando a primazia da meditação na compreensão da realidade última (não que a escola Madhyamaka não faça isso também).

Esta escola também é chamada de Chittamatra — um termo que deu origem a muita confusão no Ocidente, onde geralmente foi traduzido como "mente apenas". Isso levou muitos comentadores do budismo Mahayana a pensar que essa escola em particular nega a existência do mundo externo, postulando que tudo existe apenas na mente. Como resultado, eles consideram o Mahayana igual à teoria ocidental conhecida como idealismo. Idealistas britânicos, como Bishop Berkeley, afirmam que apenas as ideias na mente são reais e que, à parte das ideias, nada existe. Isso não é o que os Chittamatrins querem dizer quando afirmam que tudo é "mente apenas". Eles querem dizer que a nossa percepção da realidade externa depende da mente. Em outras palavras, podemos ter acesso ao mundo externo apenas por meio de nossa mente.

Enquanto os Madhyamikas enfatizam a vacuidade, os Chittamatrins enfatizam a mente. Eles dizem que, com o entendimento de que nossa percepção do mundo externo é dependente da mente, seremos capazes de obter uma compreensão da vacuidade.

Três Aspectos da Realidade

Os Chittamatrins ou Yogacharins formulam três aspectos da realidade, chamados *svabhava*, em sânscrito. O primeiro aspecto da realidade é *parakalpita svabhava*, que foi traduzido como o nível "nocional-conceitual" da realidade. Os Yogacharins dizem que, quando olhamos para as coisas em todos os diferentes níveis — no nível sensorial, no nível conceitual ou no nível moral —, podemos ver que o que experienciamos é colorido por nossas pressuposições, preconceitos e predileções. Isso significa que não existe realidade objetiva no sentido último.

Em um nível sensorial, por exemplo, percebemos uma árvore ou um carro com nosso sentido visual, mas não há nenhuma árvore ou carro existindo por conta própria, independentemente da mente. Os insetos não perceberiam uma árvore ou um carro da mesma maneira que nós porque não têm nossos conceitos relativos a árvores e carros. Essas são construções mentais impostas às impressões sensoriais. Em termos de conceitos, podemos dizer que Deus existe ou que Deus não existe, mas, para que qualquer uma das afirmações seja absolutamente verdadeira, deve haver provas existentes independentemente da mente humana. Isso também se aplica à ética e à moralidade. Quando as pessoas discutem questões como o aborto, dizendo que é sempre errado, elas estão assumindo que existe algo absolutamente verdadeiro em si mesmo, independentemente da mente humana. Os Yogacharins dizem que não há verdade absoluta nesse sentido. Como vimos, de acordo com a filosofia Madhyamaka, as coisas não têm uma essência duradoura e são vazias de qualquer existência inerente. Com base nisso, os Yogacharins dizem que tudo o que experimentamos depende da mente humana.

O primeiro desses três aspectos da realidade é o nocional-conceitual. O segundo aspecto da realidade é chamado de *paratantra svabhava*, que em geral é traduzido como o nível "dependente" da realidade. Isso se refere ao fluxo dos fenômenos mentais dentro da consciência e à maneira como reificamos os conceitos, construindo o dualismo de sujeito e objeto. O terceiro e mais elevado aspecto da realidade é chamado de *parinispanna svabhava*, ou "realidade última". Este nível é desprovido de qualquer dualidade sujeito-objeto.

O nível dependente (paratantra) da realidade é o mais importante para o praticante, porque é esse nível que conecta a realidade última com o nível nocional-conceitual da realidade. Com a prática da meditação, podemos enfraquecer o nível dependente, purificando-o de suas discriminações sujeito-objeto, e obter um insight sobre a natureza vazia desse segundo aspecto da realidade. De acordo com a Yogachara, com a prática e a reflexão, o praticante percebe que muito do que entretemos no nível nocional-conceitual não tem nada a ver com a realidade. Isso não significa que nada exista, apenas que o experimentamos de uma maneira distorcida.

Por essa razão, o princípio do paratantra é visto como o substrato — com uma parte que está equivocada e uma parte que não está equivocada — que está imbuída de realidade última. Como o paratantra, ou nível dependente, atua como a base para o parikalpita, ou nível nocional-conceitual, ele pode ser visto como o mediador entre o nocional-conceitual e o parinispanna, ou nível último da realidade.

Não devemos pensar que esses três aspectos da realidade são completamente diferentes, uma vez que todos são vazios de natureza e que podemos falar sobre eles apenas em relação à mente deludida. Embora aceitem a noção de vacuidade, os filósofos yogacharins enfatizam o papel importante e criativo da mente no modo como experimentamos e interagimos com o mundo. De acordo com a filosofia Yogachara, a fonte da nossa delusão é pensar que os fenômenos existem de forma independente da mente, e não ver que as coisas são construídas pela própria mente.

Delusão e os Três Níveis de Consciência

Para explicar como essas delusões acontecem, a filosofia Yogachara é única em postular três níveis de consciência: consciência comum (*vijnana*), que consiste nas cinco consciências dos sentidos mais a mente pensante com todos os seus pensamentos, sentimentos, impressões e imagens; a mente egocêntrica (*manas*); e o substrato da consciência (*alayavijnana*), frequentemente chamado de consciência armazenadora.

As delusões surgem da interação desses três níveis de consciência. Tudo o que experimentamos sobre o mundo, por meio dos nossos órgãos dos sentidos, é transmitido pela mente egocêntrica. A informação distorcida resultante é, então, retida no substrato da consciência, alayavijnana, que às vezes é comparado à noção ocidental do inconsciente. De acordo com a Yogachara, é assim que as marcas cármicas se enraízam na mente e surgem mais tarde para influenciar a maneira como percebemos o mundo por meio dos nossos sentidos. Devido à interação desses três níveis de consciência, a realidade fica distorcida. Em outras palavras, temos acesso apenas ao primeiro aspecto da realidade, o nocional-conceitual, e não temos ideia do relativo ou do idealmente absoluto.

O exercício de voltar a atenção para o objeto e de manter a consciência alerta, na prática de meditação, nos permite ver como essa interação ocorre, como os sentidos são influenciados por essas impressões cármicas, que surgem involuntariamente, e como muitas vezes não estamos cientes desse processo. Ao mesmo tempo, vemos como nossa percepção do mundo externo deixa marcas na nossa mente, alimentando o fogo dos nossos padrões habituais. Quanto menos conscientes estamos, mais habituados nos tornamos e mais nos tornamos vitimizados pelo alayavijnana.

O objetivo da meditação é transformar o alayavijnana. Quando uma mudança ocorre no nível do armazenamento, começamos a ver o quanto nos enganamos ao pensar que as coisas têm algum tipo de existência independente. Não percebemos que, o que normalmente consideramos ser o mundo externo, é em grande parte construído pela própria mente. Podemos ver a natureza enganosa do primeiro aspecto da realidade — o nocional-conceitual — e começamos a ter alguma apreciação dos outros dois aspectos, o princípio dependente e a realidade idealmente absoluta ou última.

Natureza Búdica

Outra contribuição que a Yogachara deu à tradição e filosofia Mahayana como um todo é a noção de natureza búdica, ou *tathagathagarbha* (tibetano, *tesbek nyingpo*). Muitas pessoas no Ocidente já ouviram falar desse conceito Mahayana, que está associado apenas à filosofia Yogachara. Os filósofos da Madhyamaka falam sobre bodhichitta absoluta e relativa, mas não falam sobre a natureza búdica como tal. Baseando-se em certos sutras respeitados do Mahayana, os yogacharins formularam esse conceito, dizendo que todos os seres sencientes têm a semente ou o potencial para obter a iluminação. Ninguém está excluído. Mesmo que as pessoas não estejam cientes disso agora, elas podem se dar conta disso no futuro. É muito interessante considerar que, se todos têm natureza búdica, o mesmo ocorre com os cristãos, judeus, muçulmanos e hindus. Se, então, todos eles podem se tornar iluminados, isso significa que futuramente eles devem se tornar budistas? Isso levanta muitas questões interessantes sobre as quais não irei me alongar neste momento; é uma questão muito controversa, no entanto. Os yogacharins dizem que todos os seres — não apenas os seres humanos, mas todos os seres sencientes — têm a capacidade de se tornarem iluminados. Embora alguns alcancem a iluminação mais cedo do que outros, todos um dia alcançarão a iluminação.

O conceito de natureza búdica foi interpretado de maneiras diferentes. Alguns dizem que todos têm potencial para atingir a perfeição, mas não consideram os seres humanos como tendo uma natureza perfeita. Outros interpretaram a natureza búdica como significando que as pessoas não apenas possuem natureza búdica, mas que essa natureza já é perfeita e completa. A única dificuldade é que não percebemos isso! Não é como uma semente que, se conseguir se desenvolver, dá origem a uma planta ou um broto. Nossa natureza búdica já está totalmente formada ou desenvolvida, e apenas violações imprevistas se interpõem entre nós e a iluminação. Essas violações simplesmente precisam ser removidas com a prática.

Quando embarcamos na jornada espiritual, devemos perceber que somos capazes de realizar nossos objetivos. Se não tivéssemos essa capacidade, a realização espiritual seria apenas um sonho. Seria como uma pessoa sem braços imaginando que está pegando uma pedra enorme. Ela pode se imaginar fazendo isso, mas não tem a capacidade, lamento dizer. Se as pessoas não têm a capacidade de ver, não podemos lhes pedir que olhem. A questão é que, quando se espera que façamos algo, e o façamos bem, primeiramente precisamos ser capazes de fazer. A natureza búdica representa a capacidade espiritual que já temos dentro de nós.

Ora, se fôssemos inata ou intrinsecamente maus, confusos ou iludidos, de onde viria a capacidade de superar nossas delusões? Precisamos ter a capacidade de transcender nossas delusões, de ir além das nossas confusões, de ir além dos vários poluentes psicológicos da mente. Segundo os ensinamentos Mahayana, nós temos essa capacidade. No entanto, capacidade e habilidade não são iguais. Temos a capacidade, mas podemos não ter a habilidade. Como assim? Podemos ter certos talentos para fazer determinada coisa, talvez tocar música, pintar, escrever poesia ou algum talento inato para filosofar. No entanto, para ter habilidade, devemos fazer alguma coisa com a capacidade que temos.

Isso depende de uma variedade de fatores, tal como as amizades que mantemos, as situações em que nos encontramos e a oportunidade geral de desenvolver e cultivar nossa capacidade inata. Se você tem um recipiente cheio de trigo ou cevada, então você tem sementes em potencial. Se as colocar no solo, elas têm potencial para crescer e brotar. No entanto, se não fizer isso, esses grãos não terão a capacidade de florescer. Eles têm a capacidade, a potencialidade de germinar, mas precisam ser nutridos. É preciso solo adequado. Você não pode simplesmente pegar algumas sementes e plantá-las na praia. Não vai funcionar, a condição do solo tem que ser correta. Você precisa regá-las, e as condições climáticas propícias devem estar presentes. Portanto, quando falamos sobre a natureza búdica, a situação não é diferente. Por quê? Porque embora já tenhamos a capacidade de atingir a iluminação, nem todos os seres humanos são iguais. Devemos ter como objetivo a igualdade, devemos aspirar à igualdade, mas não somos iguais. Na verdade, somos muito diferentes.

Cinco Famílias

De acordo com os ensinamentos Mahayana, existem muitos tipos diferentes de pessoas no mundo, mas em termos de caminho espiritual, existem cinco categorias fundamentais de pessoas. Em textos que tratam da natureza búdica, esses diferentes tipos espirituais são referidos como cinco famílias.

A primeira é chamada de *rik che*. *Rik* significa "família" e *che* significa "desconectado", portanto, "família desconectada". Ora, o que isso significa? Significa que, apesar de terem a capacidade de atingir a iluminação, os membros dessa família, por causa de várias circunstâncias e situações, incluindo inibições e resistências psicológicas internas, podem não se valer dessa oportunidade de despertar. Por exemplo, alguém criado em uma sociedade ou família muito violenta, que não ensinou nada além de violência, provavelmente não prestaria atenção à sua necessidade de crescer espiritualmente. Nesse caso, a pessoa tem a capacidade, mas não a habilidade. Essa é a família desconectada.

O segundo tipo é chamado *ma nge*. *Ma* significa "incerto" ou "ambíguo" e *nge* é "família". Os indivíduos pertencentes a essa "família ambígua" têm o interesse, mas dependem muito de quais oportunidades estão disponíveis, de que tipos de pessoas entram em contato, de quais ensinamentos espirituais recebem e o que escolhem fazer com essas oportunidades. A situação deles está em aberto. Portanto, o tipo *ma nge* pode seguir um caminho ou outro. No primeiro grupo, havia muito pouca chance de que um indivíduo se importasse de ir a uma igreja, quanto mais a um centro de retiro budista. Essa pessoa pode ir em uma direção ou em outra. É por isso que é chamada de família "indeterminada" ou "ambígua".

O próximo tipo espiritual é o shravaka, ou *nyenthö*. *Nyen* significa pessoas que ouvem os ensinamentos espirituais, que têm algum tipo de interesse ou inclinação, que querem saber mais sobre os ensinamentos e práticas espirituais. No entanto, eles próprios não fazem nenhuma prática. É mais uma questão de acumular conhecimento — querem saber o que o mestre disse, quem viveu quando, quem disse o quê para quem. Obviamente, há uma grande curiosidade sobre assuntos espirituais, mas nenhuma prática real. Alguns mahayanistas pensam que os shravakas são iguais aos Theravadins, o que é totalmente errado. Os theravadins não são comparados ao conceito de shravakas. Deve-se salientar que o budismo sempre encorajou a erudição e a busca de todos os tipos de esforços artísticos. Na verdade, muitos dos mestres budistas foram grandes poetas, grandes estudiosos, grandes artistas ou escultores. A questão é que se isso é tudo o que a pessoa está fazendo — se a pessoa está apenas pensando "tenho que acumular conhecimento, tenho apenas que aprender, aprender e aprender", sem realmente colocar em prática — essa pessoa permanece no nível do shravaka, ou família dos ouvintes.

A quarta família é conhecida como pratyekabuddha, ou *rang sanggye*. O termo tibetano significa alcançar a realização por meio de seus próprios esforços. *Rang* significa "por meio do próprio método" e *sanggye* significa "realização". Os indivíduos pertencentes a essa família compreenderam a importância da prática espiritual. Podem já ter acumulado conhecimento suficiente e agora querem praticar. No entanto, não querem praticar com outras pessoas, querem fazer isso por conta própria. São individualistas que não se enquadram em nenhuma linhagem, tradição ou sistema específico. São pessoas que querem discordar e se separar — e podem ser rotuladas de heréticas. Essa família preocupa-se em aplicar a prática vigorosamente, sem querer ter nada a ver com uma tradição religiosa específica. Diz-se que o pratyekabuddha percebe que tudo é impermanente ao contemplar o princípio da originação interdependente (*pratitya-samutpada*). Por exemplo, quando vemos que alguém morreu, contemplamos a morte e entendemos que ela vem a partir do nascimento. Ao vermos que tudo está condicionado a uma causa, podemos concluir que tudo é impermanente e atingir algum tipo de realização espiritual dessa maneira.

O quinto tipo espiritual é o bodhisattva (*changchup kyi sempa*). *Changchup* significa "despertar" e *sempa* significa "ser". Esses indivíduos não apenas perceberam a importância da prática, mas realmente querem fazer algo com a sua prática em relação aos outros. Para eles, a prática não é uma preocupação individual, porque não a fazem apenas para seu próprio benefício. Eles não pensam: "tenho que fazer algo, porque consigo entender que minha vida se tornou uma bagunça e quero me livrar dessa situação difícil". Conseguem ir além desse pensamento e dizem: "quero praticar e ajudar outras pessoas com minha prática, por meio do desenvolvimento do amor e da compaixão". Essa é a família bodhisattva.

Portanto, temos o tipo desconectado, o tipo ambíguo e o tipo que embarcou no caminho com um interesse mais intelectual do que orientado para a prática. Depois, há o tipo que pratica apenas para seu próprio benefício e, por fim, os indivíduos que são motivados pelo benefício dos outros assim como o próprio. Este último tipo é considerado o melhor em termos de como realizar nossa condição interior. Desse modo, podemos ver que todos nós temos a capacidade de nos tornarmos iluminados. No entanto, nossa capacidade de realizar esse potencial varia de indivíduo para indivíduo. Todos temos a mesma capacidade, mas alguns indivíduos estão mais próximos do que os outros do seu próprio estado natural, que é a natureza búdica.

A Ideia do Sagrado

Filósofos religiosos e sociólogos parecem concordar em uma coisa. Em todas as principais religiões do mundo, como o cristianismo, o budismo, o hinduísmo, o judaísmo, o islamismo e as religiões tribais (que costumavam ser conhecidas como religiões primitivas), o foco espiritual principal gira em torno da ideia do sagrado. Tem que haver algo sagrado, algo divino. Não importa se você está vivendo nas selvas amazônicas do Brasil, correndo descalço pela Austrália central ou cavalgando um iaque nas montanhas do Tibete. Todas essas pessoas diferentes compartilham um foco religioso semelhante, que é a necessidade de ver algo como sagrado. A experiência cotidiana não é aquela que nos leva a encontrar a verdadeira realização. Em vez disso, a realização ocorre por meio da contemplação de algo diferente do mundo empírico em que vivemos. Encontramos nossa salvação contemplando algo que é sagrado, porque não pensamos que o que estamos vivenciando seja sagrado.

Um teólogo alemão chamado Rudolf Otto, que escreveu os livros *A Ideia do Sagrado* e *Misticismo, Oriente e Ocidente*, diz que a ideia do sagrado tem uma atração irresistível, como um ímã. Ao mesmo tempo, aquilo que é considerado sagrado também pode gerar uma enorme sensação de ansiedade e medo, bem como esperança. Ele chamou esse sentimento de *mysterium tremendum*.

Mysterium significa que aquilo que é sagrado é transcendente, além do nosso alcance. Seu poder vem do fato de que não podemos compreendê-lo totalmente, devido à capacidade limitada que temos, como seres humanos, de compreender coisas que não são normais. É *tremendum* porque tudo que é "outro", tudo o que é transcendente, é visto como uma fonte de pavor e medo.

As religiões antigas se relacionavam com os deuses de uma forma que permitia uma sensação real de proximidade entre os indivíduos e os deuses que eles adoravam. Eles adoravam os deuses porque esses lhes eram de grande ajuda, mas também os temiam ao mesmo tempo. Isso não é diferente dos primeiros gregos e romanos. Tudo o que é sagrado, o que é divino ou religioso, é visto como atraente e temeroso. É o mesmo com o Deus do Judaísmo e do Cristianismo.

De acordo com estudiosos religiosos ocidentais, a fonte da religião reside nesta tendência humana de ser atraído por algo diferente de nós mesmos, mas ao mesmo tempo de sentir pavor, medo e admiração em relação a isso. Na maioria das religiões do mundo, exceto em certos ensinamentos místicos, a fonte daquilo que percebemos como sagrado vem de outro lugar, uma fonte transcendental. Segundo o budismo, entretanto, a fonte da santidade está dentro de nós. É por meio da prática que percebemos que existe uma fonte espiritual, um reservatório do bem dentro de nós. Isso é o que os ensinamentos Mahayana dizem.

O conceito de natureza búdica trata dessa santidade inerente. Não precisamos receber algo de fora como um presente. Não temos que aceitar presentes, porque já temos o que é preciso para ir aonde queremos. Nesse sentido — para colocar isso teologica ou filosoficamente —, podemos dizer que o que é inerente e o que é transcendente passaram a andar juntos.

A natureza búdica é transcendente, não está contida dentro dos limites da nossa identidade do ego. Precisamos não nos deixar influenciar por essa experiência cotidiana de quem acreditamos ser. Por outro lado, a natureza búdica não é algo que existe fora do nosso corpo e da nossa mente, das nossas condições mentais e físicas. Ela é tanto inerente como transcendente.

De qualquer modo, Rudolf Otto pode estar certo ao dizer que temos uma abordagem ambígua às nossas experiências espirituais. Temos isso em relação à nossa natureza búdica também. Por exemplo, as pessoas às vezes dizem que, quando meditam, têm experiências que as assustam porque não sabem para onde estão indo. A experiência de entrar em um território desconhecido evoca uma sensação de medo e pavor, até mesmo assombro. No entanto, para onde estamos indo não é diferente de onde já estamos. Não é como se estivéssemos saindo da nossa condição física e mental e nos unindo a uma entidade externa. Ao realizar a natureza búdica, estamos numa jornada de retornarmos para casa e encontrarmos nossa própria "morada original". Essa é a expressão usada em certos ensinamentos do budismo tibetano e zen, a morada original. A natureza búdica é a morada original.

Podemos usar o termo *natureza búdica* ou *tathagatagarbha* como um conceito abstrato, mas, na verdade, não é. É aquele lugar onde nos encontramos quando estamos meditando, está sempre lá. Dessa forma, a natureza búdica é transcendente e inerente. A importância soteriológica, ou salvadora, do conceito de natureza búdica reside no fato de que a tentativa contemplativa de desenvolver uma compreensão da natureza búdica nos permite entender quem somos. Normalmente, tentamos entender quem somos em relação à identidade do nosso ego, nosso conceito de ego. Tentar pensar sobre nós mesmos em relação à nossa natureza búdica é pensar em nós mesmos sob uma perspectiva diferente, com uma lente grande angular, por assim dizer.

Qualidades da Natureza Búdica

De acordo com nossa definição, ter a natureza búdica é ter a capacidade de se tornar iluminado. Isso não significa necessariamente que tenhamos a habilidade ou os meios para atingir a iluminação. Para realizar a natureza búdica, precisamos ter um sentido de confiança de que a iluminação não é um tipo de possibilidade distante, mas algo que podemos alcançar e vivenciar no presente. Podemos pensar que a iluminação existe em algum lugar distante, no ponto final de nossa jornada. Em tal cenário, no início não há iluminação e nenhuma experiência de iluminação que alguém possa ter. No entanto, esse não é o caso. A iluminação não ocorre apenas no final da nossa jornada. Não é como se tivéssemos desembarcado desse frágil vagão samsárico e de repente disséssemos "uau, enfim, esse é o verdadeiro paraíso". Não é como fazer aquelas viagens de trem difíceis na Índia, em que chegar ao seu destino é causa de alívio! Na verdade, as experiências iluminadas ocorrem o tempo todo quando você medita. Isso é o que o conceito de natureza búdica representa.

Os ensinamentos sobre a natureza búdica enfatizam que as qualidades iluminadas já estão presentes em nós. Não é que sejamos criaturas miseráveis irrecuperáveis que um dia desenvolvem certas qualidades e se tornam seres iluminados resplandecentes com insight, sabedoria e inteligência. O que esses ensinamentos estão dizendo é que as qualidades iluminadas já estão dentro de nós. Precisamos entender que a iluminação não é um estado, mas um processo. Não devemos pensar em natureza búdica como um estado fixo, pois a natureza búdica e nossas experiências iluminadas andam de mãos dadas. Se a natureza búdica fosse um estado fixo, isso não teria nada a ver com o processo dinâmico de se aproximar da iluminação ou de se tornar mais iluminado.

Iluminação e delusão não são dois estados de ser radicalmente diferentes e independentes. A delusão e a experiência iluminada são interdependentes. Quando você olha para isso, entende que as experiências e as indicações que recebemos de que temos natureza búdica não são tão remotas, não são tão inacessíveis e fora de alcance. Elas são imediatas. Na verdade, a natureza búdica é o nosso estado aborígene. Se é aborígene ou primordial, deve ser intrínseca à nossa natureza, e se é intrínseca à nossa natureza, como podemos estar tão distantes dela?

Na literatura Mahayana tradicional, nossa condição samsárica é descrita como impura, permeada de sofrimento, impermanente e sem um eu. Na literatura tathagatagarbha, no entanto, a natureza búdica é considerada pura, enquanto apenas o samsara é considerado impuro — permeado de sofrimento e impermanente. O eu, portanto, é um fenômeno contingente.

No *Mahayanuttara-tantra-shastra*, que é inteiramente dedicado a uma descrição da natureza búdica, diz-se que a natureza búdica tem as qualidades de pureza, bem-aventurança, permanência e grande eu. Quando olhamos para o conceito de natureza búdica, vemos que todo o domínio da nossa experiência foi revisto. Em vez de sofrimento, existe bem-aventurança; em vez de impermanência, há uma sensação de permanência e assim por diante.

PUREZA

Como você pode imaginar, conceitos como esses geraram bastante controvérsia. O que significa ser puro e o que significa ser impuro? Novamente, de acordo com o *Mahayanuttaratantra*, podemos entender pureza e impureza de duas maneiras diferentes. Primeiro, podemos entender pureza em relação à natureza búdica em si. A natureza búdica tem pureza intrínseca (*rangshin namdak*) como um cristal ou um espelho. No entanto, embora o espelho seja puro, ele pode se sujar de poeira. Por exemplo, um espelho velho que está largado no sótão ficará coberto de poeira e teias de aranha. Você não consegue ver nada nele. No entanto, se limpar o espelho, ele terá a capacidade de refletir. Em outras palavras, só porque a natureza búdica é intrinsecamente pura, isso não significa que necessariamente teremos uma experiência dessa pureza. Precisamos nos dedicar a práticas de todos os tipos — remover o pó, lavar e fazer a limpeza necessária para trazer o espelho de volta à sua condição original. Isso se chama pureza temporal (*lobur trel dak*) porque agora as impurezas adventícias também foram removidas da mente.

BEM-AVENTURANÇA

A segunda qualidade que a natureza búdica possui é a bem-aventurança (*dewa*). A natureza búdica é bem-aventurança precisamente porque, quando não estamos interagindo com o mundo de um ponto de vista egocêntrico, estamos vindo de um ponto que é aberto e receptivo. Estamos respondendo às coisas em vez de reagir a elas. Quando operamos sob a influência do ego, com seu egoísmo, arrogância, egocentrismo, necessidades e ganância, nos tornamos tão completamente unidirecionais e fixos que nossa visão se torna extremamente estreita. Portanto, não há nenhuma bem-aventurança, apenas mais provações e adversidades das quais podemos esperar mais ansiedade, medo e insegurança. O medo de não ser amado, de não ser aceito — todas essas coisas vêm à tona e assumem o controle. Mas quando, com a meditação, começamos a ter alguma insinuação do estado original da natureza búdica, então há bem-aventurança.

Por fim, entendemos como é possível ter confiança sem precisar ser arrogante, egoísta ou egocêntrico, sempre pensando que devemos vir primeiro, antes de qualquer coisa ou de qualquer pessoa. Quando a identidade do nosso ego é tão forte, não nos sentimos conectados às outras pessoas, não nos sentimos conectados a nada. Consequentemente, nosso relacionamento com os outros e com o mundo sofre. Quando somos dessa maneira, quando temos uma forte identidade de ego e nos tornamos egocêntricos, podemos pensar: "estou cuidando de mim, tenho que cuidar de mim mesmo". Porém, segundo esses ensinamentos, não estamos realmente fazendo isso. Na verdade, estamos fazendo o oposto. Estamos em uma missão suicida de certa forma, pois, quanto mais egocêntricos e egoístas nos tornamos, mais difícil será para os outros se relacionarem conosco. Nos tornamos um incômodo para os outros e também para nós mesmos. Nesse caso, não há bem-aventurança, só mais dor prestes a acontecer.

Quando praticamos e entramos mais em contato com a nossa verdadeira condição — que é a natureza búdica —, há uma maior sensação de relaxamento, uma maior sensação de abertura e receptividade. Isso nos dá condições para sermos capazes de responder às coisas de modo mais adequado e para agir de uma maneira que seja benéfica para os outros e para nós mesmos, porque o que é externo e o que é interno não são coisas diferentes. Nesse caso, existe bem-aventurança.

PERMANÊNCIA

A terceira qualidade da natureza búdica é a permanência (*takpa*). Aqui temos que ter muito cuidado, pois isso não significa permanência no sentido de algo que é estático, mas permanência no sentido de não ser influenciado por estados de humor imprevisíveis. Em um dia bom, você vai a um templo budista, conhece um grande mestre e recebe bênçãos. Tem um grupo de pessoas fantástico, o relacionamento é ótimo e tudo está indo bem. Você se sente animado, seu humor é bom e você está se sentindo energizado e otimista. Daí você sai do templo e percebe que ganhou uma multa de estacionamento e fica furioso. Toda essa elevação se foi em um segundo. O sentimento de grandeza e sensação de conexão que você sentiu com o professor desapareceu em um piscar de olhos. A permanência da natureza búdica não é assim. É permanência no sentido de que nossas oscilações de humor e altos e baixos na vida não afetam a qualidade do nosso estado de iluminação. Nossa mente pode ser influenciada desta ou daquela maneira, sujeita a atração e repulsão e a perturbações. Mas tudo o que está acontecendo na mente não afeta nosso estado de iluminação. É por isso que a qualidade de permanência não pode ser entendida no sentido de ser uma espécie de estado estático. A natureza búdica não é um estado.

GRANDE EU

"Grande eu" (*dak*) refere-se ao fato de que todos nós queremos ser alguém. Ninguém quer ser ninguém. Todos queremos melhorar nossas vidas, queremos ter uma vida enriquecedora e feliz. Nenhum de nós quer acabar não valendo nada, ou pensando que não fizemos nada para melhorar nossa vida, ou que não contribuímos em nada para o bem-estar da sociedade em que vivemos. Portanto, a noção de eu é forte e importante em relação a como nos vemos, como tratamos as outras pessoas e a nós mesmos, como vemos as coisas. Tudo isso tem relação com o eu. Até mesmo desejar e aspirar à iluminação requer o conceito de eu. Não podemos fazer de outra forma. Se não houver ninguém no trem, o trem está vazio. Podemos querer ir para Veneza ou Florença, mas não podemos simplesmente imaginar que estamos lá. Precisamos embarcar no trem e entregar nosso bilhete de viagem. O caminho espiritual também requer que alguém tenha feito a jornada. Do contrário, quem vai se beneficiar com a prática, quem vai ganhar alguma coisa com isso? Se a prática significa desmantelar todas as noções de si mesmo, esse conceito de eu pode se desintegrar totalmente. Nesse caso, teria sido uma tarefa muito tediosa, dolorosa e, em última instância, autodestrutiva — uma jornada que levou ao abismo, um trem que caiu da beira do penhasco.

É importante entender que prática não significa que nos livramos totalmente da noção de nós mesmos. A autoimagem que temos é uma construção da mente. Ela tem seu uso, embora limitado. Por meio da prática, precisamos nos elevar acima dela e ir além, o tempo todo nos relacionando com aquele eu convencional — o eu comum do dia a dia. Temos que nos referir constantemente a esse eu convencional, mas também temos que ir além. Como disse, em termos de transcendência, temos que sair das ideias convencionais de quem e o que somos; caso contrário, a tendência de perpetuar nossos hábitos velhos e arraigados continuará para sempre. Com o conceito de natureza búdica, temos um maior senso de eu — grande eu — não o eu com o qual estamos acostumados, mas um eu onde somos capazes de nos elevar acima desse eu convencional. Podemos nos relacionar com mais clareza, observar mais, nos tornar mais sensíveis, ter mais sentimentos de conexão.

Como a Natureza Búdica Existe

A natureza búdica tem essas quatro características, mas qual é o status da natureza búdica? Para colocar isso em termos filosóficos, qual é o status ontológico da natureza búdica além de sua orientação soteriológica e importância salvadora? Em termos de seu status ontológico, nossa mente está constantemente atolada em pensamentos sobre algo existir ou não existir. Se algo existe, é real; se não existe, não é real. Essa maneira dualística de pensar é tão predominante e tão parte de nosso hábito mental que achamos muito difícil fugir dela. No entanto, quando começamos a pensar sobre o status ontológico da natureza búdica, não pensamos sobre existência e não existência. A natureza búdica não existe da mesma forma que mesas e cadeiras. No entanto, também não é não existente. O status ontológico da natureza búdica — como a natureza búdica existe — é diferente de como tudo o mais existe. Não podemos dizer que a natureza búdica existe da mesma maneira em que pensamos nos objetos empíricos existentes no mundo, ou mesmo nos estados mentais. Quando dizemos que todos possuem natureza búdica, não é como possuir alguma coisa. Não é como ter uma casa, um carro ou um corpo. Achamos que deveria ser assim; temos uma casa, temos móveis — é assim que deve ser, esse é o tipo de mundo em que deveríamos viver —, mas não possuímos a natureza búdica dessa maneira. A analogia mais próxima para a natureza búdica é o espaço. O espaço não existe assim como as nuvens existem dentro do espaço; o modo de existir é de outra ordem. Não podemos dizer se o espaço existe, o que significa que não podemos dizer que é algo substancial, uma coisa inerentemente existente, e não podemos dizer que ele não existe, que não é nada. O espaço não é nada porque sem espaço — mais uma vez, para uma forma de raciocínio budista —, não teríamos todas as galáxias e planetas. Até mesmo esse pensamento não estaria aqui.

De certa forma, a natureza búdica existe, mas dizer que ela existe é mais como uma metáfora. Você só pode realmente se referir a ela de maneira oblíqua; você não pode defini-la tão facilmente, pois a natureza búdica em si mesma não é nada. Não é uma substância. A natureza búdica não é uma substância psíquica. É intrinsecamente vazia, mas, ao mesmo tempo, a natureza búdica é a fonte da iluminação. Sem natureza búdica, não seríamos capazes de atingir a iluminação. Se houvesse apenas ignorância, emoções conflitantes e proliferação conceitual, seria impossível encontrar uma saída. Nesse sentido, a natureza búdica existe, mas não como uma entidade substancial.

De acordo com o Mahayana, a natureza búdica não é parte de causas e condições, mas se autoapresenta. Desenvolvemos uma perspectiva totalmente nova em relação a como vemos a nós mesmos quando não mais operamos dentro do contexto convencional da identidade do ego. Temos uma visão mais ampla em relação às nossas habilidades e a como somos capazes de ver as coisas. Somos menos opinativos, podemos acolher mais as coisas. Isso por si só se torna uma força libertadora. Para ser alguém, para ter uma vida rica, para ter uma atitude afirmativa da vida, não é necessário ser egocêntrico, ganancioso ou dependente. Na verdade, quando começamos a aprender a ir além da nossa autoimagem, nossa vida se torna automaticamente enriquecida — espiritualmente, psicologicamente, nos nossos relacionamentos e de todas as maneiras. A obsessão do ego é aprisionadora. Nos tornamos tão egocêntricos que ficamos totalmente fechados, alheios ao que nos cerca e às outras pessoas. Tudo o que conseguimos pensar é na nossa própria dor, infelicidade e frustração. É por isso que o samsara é doloroso. Se, por meio da prática da meditação, pudermos entender um pouco mais o que é viver em nossa morada original — a natureza búdica —, então nós voltamos para casa. Sentimos uma sensação de conexão, ficamos menos alienados, menos isolados. Não é sempre que outras pessoas estão nos alienando, nós também fazemos isso a nós mesmos. Todo mundo está se comunicando cada vez menos e então começamos a nos perguntar: "por que ninguém está falando comigo? Por que essa pessoa está agindo dessa maneira?". Será que é porque nos tornamos tão egocêntricos que pensamos que todos se voltaram contra nós? Na verdade, pode até ser o contrário: pode haver pessoas tentando se comunicar e tentando nos ajudar, mas por causa da nossa fixação em nós mesmos, não conseguimos ver isso, ficamos totalmente fechados. Portanto, não há sentimento de conexão. É por isso que é tão importante ter alguma compreensão da natureza búdica.

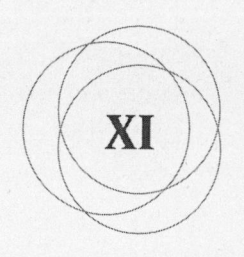

XI PROGRESSO ESPIRITUAL
Os Cinco Caminhos e os Dez Estágios do Bodhisattva

O CONCEITO DE "CAMINHO" É EXTREMAMENTE IMPORTANTE NO BUDISMO, pois enfatiza nossa capacidade individual de alcançar a liberação ou iluminação por nós mesmos, em vez de depender do poder de outra pessoa. Quando embarcamos em uma jornada, quando percorremos o caminho, devemos fazê-lo sozinhos. Ninguém mais pode fazer isso em nosso nome. É como conhecer um novo país: se quisermos conhecê-lo, devemos ir pessoalmente. Outros podem voltar com fotos e nos dar uma ideia de como é o lugar, mas não substitui nossa experiência pessoal.

No entanto, as pessoas que já visitaram um determinado lugar e voltaram com fotos e histórias talvez possam nos contar como fazer essa viagem, e como fazê-la de uma maneira agradável e não penosa. Da mesma maneira, embora tenhamos que percorrer a jornada espiritual nós mesmos, podemos receber orientações e informações de outras pessoas, e essas são fornecidas pelos buddhas e bodhisattvas. Desse modo, da perspectiva budista, embarcar na jornada espiritual, ou percorrer o caminho, é um conceito essencial.

A outra noção envolvida na ideia de percorrer o caminho é que, mesmo que não haja um eu ou ego substancial, permanente, independente e inerentemente existente, isso não significa que não haja ninguém para percorrer o caminho, que não haja alguém proveniente de um estado de delusão e confusão para ser transformado. A ausência de ego não é a mesma coisa que a extinção. Não deixamos de existir, mas passamos a saber mais sobre nós mesmos. Perceber que não existe um eu imutável pode, na verdade, ser uma experiência enriquecedora.

O caminho consiste em trabalhar a nós mesmos para que, gradualmente, superando as várias inibições, confusões e equívocos da mente, comecemos a desenvolver mais insight sobre a nossa própria natureza. Quando olhamos para nós no momento presente, vemos todos os tipos de confusões e deturpações em nossa mente. No entanto, a possibilidade de superar tudo isso e de nos tornarmos iluminados é uma realidade. Nossa própria vida se enriquece por termos empreendido essa jornada. Portanto, é importante não traduzir mal esse conceito de ausência de eu ou não existência do ego. Dizer que não existimos é a visão niilista, completamente rejeitada pelo Buddha.

Como vimos anteriormente, existem duas maneiras de atingir os objetivos da liberação e da iluminação. Um é o método do shravaka, que visa atingir a iluminação para o seu próprio bem. A outra é a abordagem do bodhisattva que consiste em trabalhar para o benefício dos outros e, assim, atingir a iluminação. Ambas as abordagens são legítimas. Podemos atingir o objetivo de qualquer uma dessas perspectivas. Seja qual for a abordagem, existem cinco estágios de progresso ou desenvolvimento ao longo do caminho que percorremos: o caminho da preparação (também chamado de caminho da acumulação), o caminho da aplicação, o caminho da visão, o caminho da meditação e o caminho do nada-mais-a-aprender. Os dois primeiros, o caminho da preparação e o caminho da aplicação, são normalmente referidos como caminhos mundanos, enquanto os últimos três são conhecidos como caminhos supramundanos. Nos três últimos caminhos, há um maior desenvolvimento da sabedoria. Da perspectiva budista, sem sabedoria, operamos no nível de uma pessoa mundana. Não importa o quão bondosos ou o quão bem comportados sejamos, se formos desprovidos de sabedoria, ainda estaremos operando dentro do contexto deste mundo e não do mundo da espiritualidade.

Sabedoria não significa necessariamente ser inteligente. A sabedoria no budismo tem mais a ver com ter uma compreensão real de nós mesmos e do mundo fenomênico. No nível do shravaka, significa compreender a impermanência, e, no nível do bodhisattva, significa compreender a vacuidade. Uma pessoa realmente espiritualizada deve possuir as qualidades de compaixão e amor, bem como de sabedoria. Mesmo que a compaixão e o amor estejam presentes no fluxo mental, se faltar sabedoria, a pessoa ainda não é totalmente desenvolvida.

O Caminho da Preparação

No caminho da preparação ou acumulação, devemos inicialmente reconhecer que a condição samsárica em que vivemos é completamente insatisfatória e frustrante. Sem esse reconhecimento, não há chance alguma de se fazer qualquer tipo de progresso espiritual. A condição samsárica é basicamente uma condição da mente, não do mundo externo (embora muitas pessoas pensem o contrário). Samsara não é o mundo material em que vivemos — casas, árvores, montanhas, rios, animais e coisas assim. É a mente que está constantemente ocupada e nunca consegue ficar quieta por um momento. A condição samsárica é criada por uma mente que constantemente tenta fazer alguma coisa, agarrando isso ou rejeitando aquilo, cheia de um intenso desejo que a pessoa fará de tudo para satisfazer. Muitas vezes, a delusão da raiva ou da hostilidade tem suas origens nessa primeira delusão do desejo excessivo. Quando o desejo excessivo está presente, a raiva e a hostilidade surgem naturalmente porque são evocadas por desejos frustrados.

O que produz essa agitação da mente, causada por desejo excessivo ou hostilidade e ressentimento, é a ignorância. Isso significa não perceber o que é realmente benéfico para nós e o que é realmente prejudicial. Se formos capazes de perceber que as emoções negativas às quais nos entregamos não são nada benéficas, mas sim extremamente prejudiciais, o desejo de superá-las surgirá.

Devemos chegar a essa conclusão porque estamos buscando a felicidade verdadeira, duradoura e permanente. Normalmente pensamos que esse tipo de felicidade pode ser obtida se nos agarrarmos a coisas que, por sua própria natureza, são impermanentes. Pensamos, por exemplo, que se nos casarmos, todos os nossos problemas serão resolvidos; se tivermos filhos, isso será maravilhoso; se conseguirmos uma promoção no trabalho, muitos de nossos problemas desaparecerão. O budismo não diz que não devemos ter experiências de felicidade ou prazer temporal. Mas diz que normalmente não pensamos nelas como prazeres temporais; na verdade, as vemos como uma fonte permanente de felicidade, e é aí que reside o erro, causado pela ignorância.

É claro que isso não significa que devamos necessariamente rejeitar experiências de felicidade ou prazer temporal, mas devemos perceber que são apenas temporárias, porque tudo o que podemos obter nessa vida também pode ser perdido. Filhos podem ser perdidos, podemos nos divorciar, perder nossos empregos, sofrer perdas em nosso segmento de trabalho — todas essas coisas podem acontecer e acontecem. Se não seguirmos um caminho espiritual, nossa vida será completamente devastada por tais eventos porque nos concentramos puramente no que temos e não no que somos.

A prática espiritual tem a ver com ser ou se tornar uma pessoa diferente, ter uma experiência diferente do nosso próprio ser. Quase nada tem a ver com o que temos em termos de emprego, família e coisas do tipo. Isso não significa que devamos rejeitar nossa família para sermos espiritualizados, ou que devamos parar de trabalhar e viver na selva para sermos espiritualizados. Até a felicidade que podemos sentir na selva se transformará em infelicidade quando os mosquitos e as cobras começarem a picar! A verdadeira felicidade tem que vir de dentro, de uma compreensão maior de nós mesmos. À medida que nossas lutas e conflitos internos diminuem gradualmente e nos tornamos mais integrados, adquirimos uma sensação de paz. Não vamos deixar de ter problemas na vida porque muitos problemas vêm do mundo externo. No entanto, o sentido interno de integração nos permite lidar com tudo o que surge na nossa vida. Esse é o tipo de coisa com que temos que trabalhar no caminho da preparação.

Começamos a perceber onde está a verdadeira fonte da felicidade, e isso nos faz querer seguir o caminho. Se não estivermos convencidos, se não quisermos alcançar nosso objetivo, a jornada não se dará.

OS QUATRO FUNDAMENTOS DA ATENÇÃO PLENA

Agora vamos nos voltar para alguns dos assuntos e práticas descritos nos capítulos anteriores e colocá-los no contexto do caminho Mahayana. O caminho da preparação divide-se em três etapas. No primeiro estágio, o praticante deve perceber que a meditação é o antídoto para a mente fragmentada, distorcida e confusa que experimenta conflitos internos.

Nenhum método é mais eficiente do que a meditação, que permite que diferentes tipos de centramento do eu ocorram. Isso é diferente de egocentrismo ou de ser centrado em si mesmo. Alcança-se isso por meio de shamatha, a meditação da tranquilidade, que deve ser complementada pela prática de vipashyana, a meditação do insight. Nesse caso específico, a prática vipashyana consiste nos quatro fundamentos da atenção plena. Os quatro fundamentos da atenção plena são: atenção plena do corpo, atenção plena dos sentimentos, atenção plena da mente e atenção plena do mundo fenomênico. Com a prática de vipashyana, o meditante percebe que tudo está sujeito a mudanças. Do ponto de vista budista, o entendimento da impermanência é fundamental. Algumas pessoas a entendem apenas em um nível intelectual, mas a impermanência deve se tornar uma experiência pessoal. Se a maneira como vivemos nossa vida refletir essa compreensão, e não um mero conhecimento intelectual dela, quando as mudanças ocorrerem na nossa vida, seremos ativamente assistidos por essa compreensão.

A fim de personalizar esse entendimento, nos empenhamos na prática dos quatro fundamentos da atenção plena. O que poderia ser mais pessoal do que nosso próprio corpo, sentimento e mente, e nossa própria percepção do mundo dos fenômenos por meio dos sentidos? Observamos o corpo para ver mudanças no nível físico; observamos nossos sentimentos de alegria, dor e assim por diante; e observamos nossa mente — pensamentos, conceitos, tudo o que surge nela. Por exemplo, podemos pensar que estamos deprimidos e esse parece ser um estado mental contínuo. Mas, à medida que nos tornamos mais observadores da mente, percebemos que mesmo nosso estado depressivo é interrompido por momentos de alegria ou algum outro estado.

Da mesma forma, entendemos que o que percebemos do mundo externo por meio dos nossos sentidos está sujeito a mudanças. No mundo material, algumas mudanças ocorrem muito rapidamente, enquanto outras ocorrem de forma muito lenta, mas em um ritmo constante. Geólogos dizem que o Himalaia está ficando mais alto, mas isso está acontecendo tão lentamente que não conseguimos observar essa mudança. No entanto, ela está acontecendo. Mesmo aquelas coisas materiais que parecem muito sólidas e reais também são insubstanciais, também estão sujeitas a mudanças. Elas não são imóveis ou estáticas. No primeiro caminho, o caminho da preparação, o praticante tem algum entendimento real da impermanência, que é chegar a um insight sobre a natureza das coisas. Isso é diferente da experiência de tranquilidade de shamatha.

A impermanência deve ser vista como positiva e não negativa. Não devemos nos desesperar porque tudo se extingue. Ser vibrante, ser ativo, não permanecer em um estado de inércia, é uma coisa boa. Mudar, de todas as maneiras, pode ser uma experiência muito positiva. Se não houvesse mudança, como poderíamos superar nossas delusões? Como seria possível erradicar a ignorância e as deturpações? Isso é possível exatamente porque a mente e a consciência podem ser transformadas pela prática e pelo treinamento. Toda a ideia de transformação significa mudança. É assim que um ser senciente comum pode se tornar um Arhat ou um Buddha.

AS QUATRO DESERÇÕES

O segundo estágio do caminho de preparação é alcançado quando o indivíduo começa a progredir na prática das quatro deserções. Essas quatro práticas consistem em exercer controle sobre nossas negatividades e, ao mesmo tempo, evitar que negatividades potenciais surjam no futuro. O budismo afirma que existe uma relação íntima entre pensamentos e ações e, portanto, existe uma conexão entre a prática da moralidade e nosso sentido de bem-estar e saúde. A prática da moralidade não é apenas uma questão de seguir regras, agindo por um senso de dever e obrigação. Praticamos ações benéficas exatamente porque é assim que podemos experimentar um estado mental positivo. Isso, por sua vez, nos leva à experiência do bem-estar físico e mental. Por outro lado, o envolvimento em estados mentais negativos induz comportamentos negativos. Isso produz mais agitação mental, ansiedade e medo, que causam desequilíbrio na mente e no corpo.

Ser positivo aqui significa que mantemos nossa atenção na prática da atenção plena, observando nosso corpo, fala e mente. Diz-se que os hábitos negativos são formados por não prestarmos atenção suficiente ao nosso comportamento físico e aos nossos processos verbais e mentais. Portanto, precisamos nos tornar mais atentos. Isso não é o mesmo que ser consciente de si mesmo. Às vezes, as pessoas dizem que vem tentando praticar atenção plena, mas isso faz com que se tornem focadas em si mesmas e, quando se tornam autoconscientes, sentem-se paranoicas. Não é como se nos observássemos da mesma forma que outra pessoa nos observaria. Isso apenas nos faria sentir expostos e vulneráveis. Simplesmente olhamos o que está acontecendo na nossa mente e como operamos no mundo.

Neurologistas modernos e outros cientistas também dizem que nosso caráter e personalidade estão intimamente ligados à nossa sensação de bem-estar e à probabilidade de sofrermos de doenças cardíacas, pressão alta e condições semelhantes. Visto que os budistas veem pensamentos, emoções, ações, moralidade e bem-estar físico e mental como coisas interconectadas, nos envolvemos nessas quatro contemplações: primeiro, evitar que potenciais negatividades surjam; em segundo, tentar lidar com as que já surgiram; em terceiro, cultivar qualidades positivas que ainda não surgiram; e, por último, desenvolver aquelas que já surgiram.

É importante perceber que nossos pensamentos e emoções negativas não são negativos em uma forma absoluta, mas apenas em relação aos efeitos que têm na nossa mente e no nosso estado de espírito. É por isso que devem ser evitados, não porque sejam inerentemente ruins. Quando surgem, devemos apenas vê-los como negatividades com as quais temos que trabalhar e que podem ser revertidas.

AS QUATRO BASES DOS PODERES SOBRENATURAIS

O último estágio do caminho da preparação é alcançado quando o praticante aplica as quatro bases dos poderes sobrenaturais. Aqui, o milagre tem mais a ver com um trabalho árduo do que qualquer tipo de intervenção divina. A primeira base é a inclinação, a segunda é o esforço, a terceira é a intenção e a última é a análise.

Em primeiro lugar, devemos ter a inclinação, ou sequer começaríamos algo. Para realizar qualquer projeto, a inclinação e o interesse têm que estar presentes. O interesse é seguido pelo esforço ou vigor. Se houver interesse, será mais fácil nos aplicarmos e focarmos a atenção na tarefa em questão. O próximo fator é a intenção, que quer dizer que o praticante assumiu o compromisso de desenvolver qualidades positivas e de trabalhar para superar as tendências negativas da mente. O último fator é a análise, temos que analisar e ver o que é benéfico e o que não é benéfico para nós e para os outros. Não se faz isso usando pensamentos e conceitos de maneira normal, o que apenas gera mais confusão. Em vez disso, usamos nosso poder de pensar e nossas habilidades conceituais para analisar o que é benéfico e o que não é.

O budismo não desestimula o pensar, mas desencoraja o pensar excessivo, que não leva a lugar algum. Grande parte dos pensamentos que ocupam nossa mente 24 horas por dia é motivada por delusões de apego excessivo, raiva, ressentimento, confusão, orgulho, ignorância e assim por diante. Podemos usar nossos pensamentos de maneira mais construtiva do que essa, e é isso o que estamos recomendando aqui.

Dessa forma, o viajante do caminho espiritual pode percorrer as três etapas do primeiro caminho, o caminho da preparação.

O caminho da preparação nos inicia na prática espiritual, afastando-nos em grande parte das nossas preocupações cotidianas. Ao nos afastarmos das preocupações samsáricas, isso não significa necessariamente que precisamos abandoná-las completamente. Tem mais a ver com trabalhar a atitude que temos em relação às coisas e às outras pessoas.

O que nos liga à condição samsárica não são as coisas por si só, mas nosso apego a elas, o desejo incessante e o apego que surgem na mente. É com esses que temos que trabalhar. A riqueza material pode se tornar um obstáculo, por exemplo, se o desejo de agarrar, o apego e a avidez estiverem presentes na mente do indivíduo.

A nítida distinção entre o espiritual e o material, que é comum no Ocidente, é estranha ao modo de pensar budista. Se somos espirituais ou não, depende basicamente da nossa atitude, de como vemos o mundo e de como interagimos com outros seres sencientes. A condição samsárica não é criada pelo mundo externo ou pelas condições que existem fora de nós, mas pela mente perturbada.

É disso que o caminho da preparação trata. Procuramos treinar para que possamos progredir no caminho. É também chamado de caminho de acumulação (de mérito) porque podemos nos reorientar a fim de nos tornarmos o receptáculo adequado para nos desenvolvermos ainda mais. A ideia de ser um receptáculo é muito importante no budismo. Isso significa que se não fomos capazes de criar as condições mentais adequadas para dar origem a certas qualidades espirituais, não importa com que tipo de mestre ou professor espiritual estejamos em contato, não importa quais textos lemos e entendemos, não acontecerá nada. Isso se dá porque não fomos capazes de criar em nós mesmos um verdadeiro receptáculo espiritual capaz de conter as qualidades necessárias ao nosso desenvolvimento. Precisamos estar abertos e ter um senso de receptividade no nosso fluxo mental. Ao nos desenvolvermos dessa maneira, podemos embarcar no próximo caminho, o caminho da aplicação.

VOLTANDO PARA CASA

A perspectiva do bodhisattva, nesses dois primeiros caminhos, difere ligeiramente da perspectiva do shravaka. Além das práticas compartilhadas com os shravakas, o bodhisattva é capaz de gerar bodhichitta, a preocupação compassiva por todas as criaturas vivas. Este compromisso de cuidar dos outros advém do modo que o bodhisattva entende a si mesmo, como tendo natureza búdica dentro de si. Da perspectiva do bodhisattva, a jornada não é necessariamente linear, em que abandonamos o samsara e chegamos ao nirvana, é mais como voltar para casa.

Se vemos nosso próprio ego como sendo a principal fonte da nossa identidade, isso causa sentimentos de alienação, rejeição e desengajamento. Mas, se começarmos a perceber que nossa própria natureza é semelhante à de um buddha, e que todos os outros seres têm a mesma natureza, sentiremos mais afinidade com os outros seres sencientes.

Existem histórias nos sutras Mahayana sobre esse processo de sair de casa e voltar para casa. Ficamos perdidos ao nos tornarmos completamente enredados na condição samsárica e ao vermos o ego como nossa principal fonte de identidade. À medida que, com a prática, realizamos nossa própria natureza búdica, começamos a encontrar o nosso caminho de casa e, na verdade, descobrimos que nossa casa sempre esteve aqui, mas por alguma razão não fomos capazes de vê-la. Em vez disso, refugiamo-nos em uma "casa" alternativa que não é verdadeiramente nossa.

O Caminho da Aplicação

O caminho da aplicação, ou caminho da conexão, consiste na meditação sobre as Quatro Nobres Verdades — a verdade do sofrimento, a verdade da origem do sofrimento, a verdade da cessação do sofrimento e o caminho que nos tira do sofrimento. É importante entender o sofrimento para superá-lo. Se não reconhecermos que o sofrimento é uma realidade, é improvável que façamos qualquer esforço para revertê-lo. Portanto, primeiro devemos reconhecer a existência de sofrimento de forma plena e realista.

Como parte da prática do caminho da aplicação, existem quatro meditações, cada uma associada a uma das Quatro Nobres Verdades. As quatro meditações são sobre sofrimento, impermanência, vacuidade e não existência do eu.

A VERDADE DO SOFRIMENTO

Várias meditações são praticadas em relação à primeira Nobre Verdade. A primeira prática é a *meditação sobre o sofrimento*. Três tipos diferentes de sofrimento são descritos nos ensinamentos. Um é o "sofrimento condicionado": o fato de que tudo está sujeito a mudanças e é produto de causas e condições, naturalmente, produz sofrimento em nós. Principalmente quando as coisas são agradáveis e alegres, não queremos que essas situações mudem. Mas, como tudo está sujeito a mudanças, mais cedo ou mais tarde temos que aceitar o fato de que o que antes nos dava prazer, não dá mais, ou se torna a causa da infelicidade. A velhice é um exemplo de sofrimento condicionado. Se vamos à academia ou não, se fazemos lipoaspiração ou prótese mamária, se vamos ao cirurgião plástico para tirar as rugas, o fato é que estamos envelhecendo. Isso é algo que devemos aceitar. Não estou dizendo que as pessoas não devem tentar parecer mais jovens, mas precisam ser mais realistas sobre essas coisas.

O segundo tipo de sofrimento é o "sofrimento da mudança". Isso inclui a nossa expectativa de que, se mudarmos de emprego ou de parceiro, seremos felizes. Mas, como a mente não mudou, o sofrimento continua.

O terceiro tipo é o "sofrimento do sofrimento". Já estamos sofrendo de alguma forma, então algo dá errado e sofremos ainda mais. Todos esses tipos de sofrimento podem ser controlados se fizermos alguma prática espiritual, pois assim não ficaremos tão arrasados por essas experiências. Mas, se não formos treinados, vivenciaremos angústia mental e frustração. Não devemos pensar nos ensinamentos budistas sobre o sofrimento como sendo pessimistas ou exagerados. Não há exagero porque todos nós vivenciamos isso diariamente.

A próxima meditação sobre a primeira Nobre Verdade, a verdade do sofrimento, é a *meditação sobre a impermanência*. Quando estamos sofrendo, não olhamos para as causas e condições que deram origem ao sofrimento. Ficamos tão absortos na experiência, que esquecemos que ela faz parte das causas e condições. A intensidade do sofrimento impede que esse insight ocorra.

A terceira prática é a *meditação sobre a vacuidade*. O praticante deve perceber que a própria experiência de sofrimento não tem nenhuma essência ou realidade duradoura real. Isso vem da meditação, com a compreensão de que o sofrimento é produzido por causas e condições.

A última meditação associada à verdade do sofrimento é a *meditação sobre a não existência do eu*. O praticante precisa perceber que não existe um eu permanente e imutável que esteja passando por todas essas experiências desagradáveis. A crença de que existe algo chamado "eu" ou uma "alma" que é imutável e permanente é tão forte que chega a ser quase instintiva. Até a nossa linguagem nos habitua a dizer coisas como "meus sentimentos", "minha memória", "meu corpo", "minhas paixões", "minhas emoções", "meus pensamentos", "meus conceitos", e consideramos o eu como algo que existe além e acima de todas essas coisas. Os ensinamentos budistas dizem que isso é completamente fictício e fabricado pela mente.

Da perspectiva budista, o eu deve ser visto como dinâmico e vivo, não estático e fixo. Se fosse completamente imutável, não seria afetado por tudo o que se passa na mente. Mas se não fosse influenciado por nossos pensamentos, sentimentos, emoções e conceitos, então de que serviria o eu, mesmo que existisse? Ser capaz de vivenciar as coisas de forma emocional e usar nossos pensamentos de maneira criativa é o que torna a nossa vida interessante.

Quando pensamos em nós mesmos como uma entidade fixa, quando dizemos: "fiquei tão magoado", somos incapazes de nos desapegar. Mas se pensarmos que estamos continuamente em um processo dinâmico, nossa fixação no passado será reduzida. Logo, podemos realmente assumir o controle das nossas vidas. Somos capazes de lidar com as nossas experiências presentes e até reconciliar o passado, além de ter uma maior compreensão de como trabalhar com a nossa situação futura. Esse eu constantemente dinâmico é uma ideia importante no budismo. Sem ele, não podemos fazer nenhum progresso espiritual.

A ORIGEM DO SOFRIMENTO

A próxima das Quatro Nobres Verdades é a verdade sobre a origem do sofrimento. De acordo com os ensinamentos budistas, a fonte fundamental do sofrimento está dentro de nós, na nossa avidez e no nosso apego. Estes produzem sofrimento. As injustiças que existem no mundo, a pobreza e assim por diante, também são reflexos da mente individual. Fundamentalmente, todos os diferentes tipos de sofrimento vivenciados no mundo têm sua origem na mente e são criados pelo apego e pela avidez.

A primeira contemplação sobre a origem do sofrimento envolve "causas". Em vez de pensar que o sofrimento existe e isso é apenas um fato, temos que olhar para as causas. Temos que ver onde o sofrimento se origina, como é causado e de que maneira surge.

A segunda é a contemplação do "efeito", uma investigação sobre quais tipos de efeitos são produzidos por quais tipos de causas. O Buddha disse que qualquer pessoa que possa entender a relação entre causa e efeito entende seus ensinamentos adequadamente. Assim, a causalidade é considerada central para a filosofia budista.

A terceira contemplação é a contemplação da "apresentação", que significa olhar para a experiência do sofrimento em si. A última contemplação é sobre "condições". Não existem apenas causas presentes, mas também condições para que os efeitos surjam.

Essas quatro contemplações têm um objetivo em comum, que é corrigir nossa compreensão de como as coisas acontecem. Por exemplo, muitas pessoas acreditam que a causa primordial, ou a causa final, é alguma forma de Deus. De acordo com os ensinamentos budistas, familiarizar-se com as contemplações mencionadas acima corrige essa compreensão que diz que existem causas primordiais ou finais, que existe um criador e coisas do tipo.

A CESSAÇÃO DO SOFRIMENTO

A próxima verdade é a verdade da cessação. Cessação significa que é possível acabar com a nossa experiência de sofrimento e tormento mental. É uma possibilidade e pode ser feito. A primeira contemplação desta verdade envolve a "convicção" de que as impurezas da mente podem ser erradicadas e abandonadas. A segunda consiste na "contemplação da quietude", significando que o sofrimento pode ser completamente erradicado e que não haverá mais sofrimento quando atingirmos o nirvana. Adquirimos total convicção da possibilidade de atingir a quietude permanente.

A terceira contemplação é a da "excelência", que significa que percebemos que as experiências de meditação shamatha estão aquém da prática espiritual real. Tal meditação é incapaz de fornecer ao praticante a liberação final, que deve vir de vipashyana. A quarta contemplação diz respeito à "renúncia". Ela consiste em perceber que todas as tendências deturpadas da mente podem ser renunciadas e que, como consequência, a liberação pode ser alcançada.

O CAMINHO PARA SAIR DO SOFRIMENTO

Chegamos agora às três contemplações da verdade do caminho. A primeira envolve contemplar o caminho e vê-lo como o veículo capaz de nos transportar do samsara para o nirvana. Não apenas é possível acabar com o sofrimento, mas percebemos que existem métodos que podem ser empregados para tal. E é nisso que consiste a contemplação do caminho. A segunda contemplação é a realização, por meio da qual percebemos que o caminho que estamos seguindo é o caminho correto, e não temos interesse em nos desviar dele. A terceira contemplação é a liberação. Percebemos que, seguindo o Nobre Caminho Óctuplo, podemos alcançar a liberação e podemos ir além da condição samsárica que conhecemos tão bem.

Ao contemplar as Quatro Nobres Verdades dessa forma, os praticantes no caminho da aplicação são capazes de se desenvolver nos próximos quatro estágios.

QUATRO NÍVEIS DE REALIZAÇÃO

O insight fundamental desenvolvido a partir da prática das contemplações nas Quatro Nobres Verdades é compreender que tudo surge de causas e condições. Esse insight traz o primeiro nível do caminho da aplicação, que é chamado de ardor ou *tummo*, em tibetano. *Tummo*, neste contexto, é usado como uma metáfora. Assim como o calor é uma indicação da presença do fogo, quando o praticante chega ao primeiro nível do caminho da aplicação, que é o ardor, ele começa a sentir o calor do fogo da sabedoria ou insight.

Assim como o fogo tem a capacidade de queimar madeira ou entulho e extingui-los, a sabedoria tem a capacidade de acabar por completo com as deturpações e obscurecimentos da mente. A experiência do ardor é seguida pelo segundo nível do caminho de aplicação, *tsemo*, que significa "auge" ou "pico". O praticante neste nível foi capaz de trabalhar e de aperfeiçoar todas as qualidades positivas de uma pessoa mundana.

Até que sejamos capazes de alcançar o terceiro caminho, que é o caminho da visão, tudo o que desenvolvemos até aquele ponto ainda está muito envolvido com o que chamamos de virtudes e qualidades mundanas, em vez de virtudes transmundanas. A razão pela qual as boas qualidades desenvolvidas no nível do auge ainda permanecem dentro do reino da mundanidade, e não da supramundanidade, é que o verdadeiro insight é desenvolvido no nível do caminho da visão, e não antes.

A experiência do auge é seguida pela paciência, ou *söpa*, em tibetano. Não é a paciência no sentido comum, mas está mais relacionado ao destemor. O praticante não tem mais medo de conceitos como impermanência, insubstancialidade e vacuidade. Em vez de vê-los como algo negativo ou assustador, tem plena confiança em sua realidade. A convicção real é estabelecida com base na atitude de ser completamente destemido.

O caminho da aplicação culmina na realização da excelência das qualidades espirituais mundanas. Isso é chamado de *chöchok* em tibetano, que significa "o mais excelente dos dharmas", mas neste contexto significa "dharmas associados às realizações mundanas". A experiência das qualidades espirituais supremas ou excelentes da pessoa mundana produz um insight muito semelhante ao de uma pessoa no caminho da visão.

De acordo com os ensinamentos, uma vez que o segundo nível do caminho da aplicação tenha sido alcançado, é praticamente impossível que os praticantes regridam. Quaisquer qualidades que conseguiram desenvolver permanecerão e não será possível retroceder. Depois do nível da paciência, não é possível cair nas formas inferiores de existência. Por exemplo, se você quer se tornar um músico e pratica todos os dias, você se torna muito bom. Depois, mesmo que não pratique por muitos anos, é fácil recuperar. Mas se você se empenhou pouco na sua prática e depois a negligencia por alguns anos, ao tentar retomá-la, precisa começar tudo de novo. É como se você nunca tivesse aprendido música. É o mesmo com a prática do Dharma. Fazer alguma prática espiritual com a maior frequência possível, todos os dias, é mais frutífero do que praticar muito por um curto período, seguido por nenhuma prática por um longo tempo.

A experiência das qualidades supremas ou excelentes da pessoa espiritual mundana leva à realização do caminho da visão. Seu nome vem do fato de que, pela primeira vez, o praticante obtém um verdadeiro insight da realidade. Esse caminho da visão foi alcançado porque as "cinco faculdades espirituais" foram desenvolvidas ao nível máximo no terceiro nível do caminho da aplicação. Essas faculdades são fervor, esforço, atenção plena, concentração e insight ou sabedoria. Assim como nossos órgãos e faculdades dos sentidos físicos nos permitem ver o mundo com mais clareza e funcionar melhor, da mesma forma, podemos perceber a realidade em sua forma verdadeira, desenvolvendo as cinco faculdades espirituais.

O Caminho da Visão

O último nível do caminho da aplicação é o fim do caminho espiritual mundano. A partir daqui, ele é chamado de "caminho espiritual supramundano" e começa com o caminho da visão. No Mahayana, o caminho da visão coincide com o primeiro estágio, ou *bhumi*, do bodhisattva. A razão pela qual é chamado de caminho da visão é que, pela primeira vez, o praticante se vê diante da realidade última e a vê pela primeira vez. De agora em diante, tudo o que se fizer é atividade imaculada. A pessoa não está mais presa ao karma, pois suas ações não levam à geração de mais karma.

INSIGHT SOBRE A REALIDADE ÚLTIMA

Nos ensinamentos shravaka, o insight sobre a realidade última é obtido por meio de retiros formais nos quais o praticante passa pelos "dezesseis momentos de realização" — quatro associados a cada uma das Quatro Nobres Verdades. Um "momento" aqui não significa necessariamente apenas um instante de tempo. É mais parecido com o que normalmente chamamos de um evento.

As quatro realizações associadas à primeira das Quatro Nobres Verdades começam com a "aceitação paciente" da realidade do sofrimento, seguida pelo "conhecimento dármico" da realidade do sofrimento. Estes são os dois primeiros momentos, e ambos estão envolvidos com o estado mental do que é chamado de "reino do desejo".

Em seguida, seguem os dois segundos momentos, que são a subsequente aceitação paciente da natureza do sofrimento e o subsequente conhecimento do dharma da realidade do sofrimento, associado aos reinos da forma e da não forma. Esses momentos de realização são aplicados às outras três Nobres Verdades, até que dezesseis desses momentos sejam alcançados.

Os reinos da "forma" e "não forma" aqui referidos significam que o praticante foi capaz de atingir estados alterados de consciência. Enquanto os dois primeiros momentos correspondem ao estado normal de consciência (o reino do desejo), os dois últimos momentos correspondem a esses estados alterados de consciência (os reinos da forma e da não forma).

"Aceitação paciente" pode ser entendida como "compreensão conceitual", e "conhecimento dármico" significa experiência direta, ou um "conhecimento direto não conceitual" das Quatro Nobres Verdades. A aceitação paciente nos permite permanecer no caminho de maneira ininterrupta, sem sermos desviados, e a experiência direta da realidade nos ajuda a chegar mais perto de alcançar a liberação.

Embora possa parecer um pouco complicado, acho importante abordar como é discutido nos ensinamentos. É assim que o praticante shravaka percebe a realidade última no caminho da visão.

O caminho da visão do bodhisattva ocorre quando o bodhisattva atinge o primeiro nível, ou *bhumi*. Ele ou ela tem um insight da realidade última, que é shunyata. Como mencionei anteriormente, "vacuidade", no ensinamento Mahayana, não se refere a coisas que não existem ou são vazias como normalmente as entendemos. Vacuidade significa que nada tem qualquer tipo de substância ou essência duradoura. A própria natureza do mundo fenomênico é vacuidade. Existe uma relação íntima entre a verdade última, que é a vacuidade, e a verdade relativa, que é o mundo empírico. Chandrakirti disse que, sem depender da verdade relativa, não compreenderemos a verdade última. Portanto, não devemos dizer que esse mundo empírico é completamente ilusório e inexistente. Essa não é a visão mahayanista da vacuidade. Para recapitular ainda mais, pensar que tudo tem existência substancial ou inerente é cair no outro extremo. É por isso que se diz que, para entender a vacuidade, é preciso desenvolver a visão do meio, a visão que não incorre em nenhum extremo do eternalismo ou niilismo.

Normalmente somos incapazes de perceber as coisas em sua verdadeira perspectiva. Algum tipo de distorção foi introduzida em nossos órgãos visuais ou na nossa mente. Os ensinamentos apresentam exemplos tal como confundir uma corda com uma cobra. A corda está lá, mas pensar que a corda é uma cobra é perceber erroneamente. Da mesma forma, pensar que as coisas têm algum tipo de existência inerente é entender mal ou perceber mal a sua realidade. Ao mesmo tempo, pensar que não há absolutamente nada é entender errado o que se entende por vacuidade.

A diferença entre perceber a insubstancialidade e perceber a vacuidade não é uma diferença de tipo, mas de grau. De acordo com os ensinamentos, o bodhisattva que entende a vacuidade tem uma compreensão mais sutil da natureza das coisas do que o shravaka, que entende a insubstancialidade. A insubstancialidade é realizada por meio da contemplação da causalidade. Se nos familiarizarmos com o funcionamento do nexo causal, nosso entendimento da insubstancialidade das coisas aumentará muito, e daí vem a realização da vacuidade. Caso contrário, podemos ainda nos apegar a alguma ideia de um criador, por exemplo, ou à noção de que mudança é mais como transformação e que existe uma realidade ou substância imutável.

Várias teorias do atomismo dizem que objetos grosseiros, como mesas e cadeiras, mudam, mas são construídos de átomos, e esses átomos não mudam. Portanto, acredita-se que os átomos em si mesmos têm algum tipo de existência substancial. No entanto, se nos familiarizarmos com as ideias budistas de causalidade e vacuidade, podemos ver que tais teorias do atomismo são muito enganosas. É por isso que Nagarjuna disse que tudo é possível por causa da vacuidade. Se as coisas tivessem uma essência fixa, a mudança seria impossível. Sem mudança, nada poderia acontecer. Portanto, em vez de pensar na vacuidade como algo negativo, devemos considerar que é por causa da vacuidade que o mundo pode funcionar. A vacuidade torna isso possível.

Os Sete Ramos da Iluminação

O bodhisattva no primeiro nível percebe a vacuidade pela primeira vez, compreendendo os sete ramos da iluminação que consistem em atenção plena, consciência plena, sabedoria discriminativa, esforço, alegria, concentração e equanimidade. Essas qualidades dos sete ramos existem antes de serem realizadas no caminho da visão, mas nesse estágio elas são capazes de amadurecer. Da perspectiva do shravaka, essas qualidades são desenvolvidas a partir da prática de shamatha, vipashyana e da contemplação das Quatro Nobres Verdades. Da perspectiva do bodhisattva, elas se desenvolvem a partir da prática das seis paramitas. Ter essas qualidades auxilia a compreensão da realidade última, mas ter uma maior compreensão da realidade última também ajudaria no desenvolvimento dessas qualidades.

Essas qualidades devem ser desenvolvidas ao longo do tempo. É por isso que toda a ideia de treinamento ou cultivo é tão importante nos ensinamentos budistas. Precisamos aprender. Temos que nos educar. Temos que treinar. Só então essas qualidades se tornam efetivas. Não é muito conveniente ter uma atitude de "tudo ou nada". Devemos sempre pensar em termos de grau. Estamos ou mais atentos ou menos atentos, mais conscientes ou menos conscientes; nos esforçamos em maior ou menor grau e assim por diante. Se pensarmos que devemos ter todas essas qualidades plenamente desenvolvidas desde o início, estamos esperando muito de nós mesmos. Se fosse esse o caso, os cinco caminhos seriam redundantes!

No budismo, é o conhecimento que nos livra do estado samsárico de insatisfação, frustração e tormento mental, em vez do desenvolvimento da fé ou das boas ações. Isso não significa que não devamos realizar boas ações, é claro, mas elas não são suficientes por si mesmas para obtermos a liberação. Quando as boas ações e a compaixão são sustentadas pela sabedoria, os praticantes são capazes de cumprir as condições necessárias e suficientes para atingir a iluminação. Quando os praticantes atingem o caminho da visão, eles se tornam completamente transformados, e é por isso que o caminho da visão é igualado à obtenção do nível supramundano de realização espiritual.

Até chegarem ao nível do caminho da visão, os praticantes estiveram envolvidos com a criação de conhecimento, com a realização de boas ações e também, talvez, com um determinado montante de meditação. Não foram capazes de desenvolver qualquer insight sobre a verdadeira natureza das coisas até alcançarem o nível do caminho da visão, onde têm a experiência direta de como as coisas realmente são, em vez de como elas aparecem para a consciência iludida pelos sentidos.

O Caminho da Meditação

O caminho da visão é seguido pelo caminho da meditação. Isso coincide com o segundo estágio do bodhisattva e se estende até o décimo nível do bodhisattva. Embora se empenhe na meditação desde o início, desde o caminho da preparação, no caminho da meditação começa-se a obter certas experiências e realizações que não estavam presentes anteriormente.

OS DHYANAS E AS REALIZAÇÕES DE NÃO FORMA DE SHAMATHA

Por meio da prática de shamatha, somos capazes de ter acesso a áreas de consciência que antes eram inacessíveis, como os quatro níveis de *dhyanas*, ou concentrações meditativas, e os quatro níveis de absorvimento. Os quatro dhyanas são estágios progressivos de concentração. No início, pensamentos, conceitos e outros elementos estão presentes, bem como experiências emocionais de alegria e felicidade. À medida que prosseguimos, a mente se torna muito estável e concentrada, a tal ponto que até mesmo esses processos mentais param de operar. Os quatro estágios de concentração correspondem ao nosso estado normal de consciência. Os quatro absorvimentos correspondem a níveis superiores do nosso desenvolvimento em termos de meditação. No entanto, por si mesmos eles não são necessariamente muito espirituais. Eles são simplesmente estados alterados de consciência dos quais não tínhamos consciência antes.

Por meio da meditação, podemos experimentar sensações de felicidade e bem-aventurança, mas no quarto nível de dhyana até estas cessam. Elas são seguidas pelo primeiro absorvimento, que é chamado de espaço infinito, ou *namkha thaye*, em tibetano. *Namkha thaye* significa que estamos em um estado de concentração tão profundo que nossos sentidos não estão mais funcionando. Não vemos, ouvimos ou sentimos o gosto de nada, e é por isso que esse estado é conhecido como espaço infinito. Isso não significa que as coisas deixaram de existir. Significa apenas que fomos capazes de estabelecer nossa mente em um estado de concentração tão profundo que todos os níveis grosseiros do funcionamento mental e das impressões sensoriais foram temporariamente suspensos.

A experiência do espaço infinito é seguida pela experiência da consciência infinita, que é *namshe thaye*, em tibetano. Consciência infinita significa que, à medida que nos aprofundamos no estado de consciência, vemos que tudo é na verdade consciência: não há senso de dualidade entre sujeito e objeto.

O terceiro nível de absorvimento é chamado de *chiyang mepa*, em tibetano, que significa "não existência". O estado de absorvimento tornou-se mais profundo, de modo que não temos absolutamente nenhuma experiência, nenhum sentimento, nenhuma emoção, nenhum pensamento ou conceito surgindo na mente; de verdade, não há nada.

O último estado de absorvimento é conhecido como "não percepção", que é ainda mais profundo que o anterior, quando já estávamos sentindo que não havia nada. É como se isso não bastasse! Temos que ter outro estado, quando nem mesmo temos a percepção da não percepção. "Não percepção" é *yömin memin* (nem existência nem não existência), em tibetano, que significa que, ao contrário do estado anterior, não estamos nem mesmo pensando que não há nada. Até mesmo esse pensamento foi abandonado.

OS QUATRO ESTADOS SUBLIMES E VIPASHYANA

Como disse, a prática de shamatha pode dar origem a diferentes níveis de consciência, nos quais nossa concentração se torna mais focada, mas por si só é incapaz de criar quaisquer qualidades espirituais reais dentro do fluxo mental do indivíduo. Essas têm que vir da contemplação dos quatro estados sublimes de amor, compaixão, alegria e equanimidade, bem como da prática vipashyana da vacuidade, insubstancialidade e assim por diante. Shamatha produz a estabilidade da mente. Com base nessa estabilidade, podemos trabalhar com nossas emoções por meio dos quatro estados sublimes e trabalhar com nossos pensamentos e conceitos por meio da prática de vipashyana. Então, somos capazes de transformar nossa meditação de modo que o que alcançamos com a meditação se torna supramundano.

No budismo, é aceitável entrar em estados alterados de consciência, mas mesmo se não formos capazes de atingir esses estados, ainda podemos atingir a iluminação. Certas pessoas têm a capacidade de entrar em estados alterados, mas esses estados não são necessários no caminho. O que é necessário é que, por meio da prática de shamatha, aprendamos a estabilizar nossa mente. Sem estabilidade mental, a mente está constantemente ocupada e distraída, seja pelos sentidos ou atividades mentais, emoções ou pensamentos. Um certo nível de estabilidade mental ajuda a trazer o insight, o que é essencial. A meditação do insight causa transformação espiritual no praticante, e a meditação shamatha, na qual a estabilidade mental é desenvolvida, fornece as condições gerais que permitem o surgimento do insight. É por isso que os dois tipos de meditação são necessários.

Ao discutir os quatro estados sublimes, devemos ter clareza sobre a nossa compreensão das palavras usadas. Sentimento é *tsorwa*, em tibetano, e *vedana*, em sânscrito, e deve ser distinguido das emoções. Enquanto as emoções podem ser hábeis ou inábeis, os sentimentos não podem. Os sentimentos estão intimamente associados ao corpo, enquanto que as emoções são parcialmente físicas e parcialmente mentais. No Ocidente, essa ideia é muito nova. Na filosofia e na teologia, as emoções têm sido intimamente associadas ao corpo e, portanto, são consideradas algo que devemos aprender a controlar, em vez de estarem relacionadas à mente.

O budismo diz que é possível trabalhar com as emoções de maneira positiva, pois não há nada intrinsecamente errado com elas. O problema está em como lidamos com elas, como as vivenciamos e as expressamos. Assim, podemos nos treinar e desenvolver habilidades a fim de usar as emoções para nos revigorar e tornar nossas vidas mais ricas, em vez de causar mais problemas para nós mesmos e para os outros. Podemos aprender a criar um ambiente mais positivo, e é isso que envolve a contemplação dos quatro estados sublimes.

A experiência do bodhisattva do caminho da meditação está relacionada com o restante dos dez níveis, ou *bhumis*, do caminho do bodhisattva. Por meio desse caminho, o bodhisattva é capaz de aperfeiçoar cada uma das seis paramitas — generosidade, preceitos morais, paciência, vigor, concentração e sabedoria — conforme atravessa os diferentes níveis de realização do bodhisattva. As primeiras perfeições são realizadas em primeiro lugar porque é mais fácil praticar a generosidade do que praticar a paciência, por exemplo. Com treinamento, o bodhisattva gradualmente percebe a real extensão e o potencial das virtudes associadas às seis perfeições. Então, atinge a budidade uma vez que a realização das seis paramitas é igualada à budidade. Uma vez que o décimo nível bodhisattva é atingido, o praticante se torna um ser totalmente iluminado ou Buddha. Alcançou o ideal do bodhisattva do caminho do nada-mais-a-aprender.

Tendo percorrido os caminhos e estágios descritos anteriormente, o praticante atinge o último dos cinco caminhos, o caminho do nada-mais-a-aprender, que equivale à iluminação completa da budidade. O praticante realizou os aspectos da essência búdica, referidos como os três kayas, que incluem dois aspectos do ser búdico associados à sua forma corporal e a um aspecto associado ao seu ser original autêntico. Por meio do acúmulo de mérito, a pessoa realiza os aspectos da forma do ser búdico e a acumulação de sabedoria, enquanto no caminho, a pessoa realiza o aspecto da não forma, que é o estado original do ser búdico.

Os cinco caminhos são parte dos ensinamentos chamados *lamrim*, o caminho e estágios, ou *sa lam*, significando o caminho e os bhumis, ou níveis espirituais. O que é apresentado aqui é a ideia de progresso espiritual. Começamos nossa jornada como seres comuns e confusos, nossa mente completamente governada pela ignorância e deturpações. Gradualmente, a purificação da mente ocorre, à medida que a sabedoria e o insight aumentam, e nossas deturpações e equívocos começam a diminuir e a se dissipar. Por fim, não há mais confusão na mente, a sabedoria floresceu e amadureceu na forma da mente búdica.

Os ensinamentos do caminho e os estágios são apresentados de uma forma bastante progressiva e evolutiva. Essa abordagem é chamada de *rimgyipa*, em tibetano, o que significa uma abordagem passo a passo. Mas esta não é a única abordagem para o caminho. Há uma outra, *chikcharwa*, em tibetano, na qual a possibilidade de iluminação súbita é enfatizada. A tradição Kagyü, a tradição à qual pertencemos, faz uso de ambas as abordagens. Por exemplo, Gampopa emprega o método dos gradualistas em sua obra *O Ornamento da Joia da Liberação*, que é um texto muito importante para nossa tradição Kagyü. Ao mesmo tempo, há outra vertente da tradição, proveniente dos ensinamentos do Mahamudra, que enfatiza a abordagem da iluminação súbita. É necessário conciliar as diferenças entre essas duas abordagens.

Precisamos entender que o caminho e os estágios apresentados nos ensinamentos dos sutras não devem ser interpretados literalmente. Por exemplo, diz-se que um bodhisattva deve permanecer no mundo samsárico por três incontáveis eras antes de atingir a budidade. Mesmo a natureza búdica — o potencial para a iluminação que existe no fluxo mental do indivíduo — às vezes é considerada uma potencialidade, em vez de uma realidade na tradição sútrica. De acordo com essa perspectiva, atualizá-la significa que devemos nos engajar no caminho do bodhisattva e atravessar todos os diferentes estágios desse caminho para alcançar a budidade. Assim, o conceito de natureza búdica é visto como uma potencialidade que deve ser trazida à tona por um longo período de prática. Não pode ser alcançada instantaneamente, de acordo com os ensinamentos dos sutras. No entanto, como veremos quando nos voltarmos para uma discussão sobre as tradições do Tantra e do Mahamudra, essa não é a visão de todas as escolas budistas.

XII BUDIDADE
Os Três Kayas

Dois Tipos do Ser Búdico

A ideia dos três kayas está associada à aspiração final dos praticantes. Simboliza o objetivo final que eles gostariam de alcançar. Em geral, falamos sobre os dois níveis da verdade, a base como ponto de partida, as duas acumulações de sabedoria e meios como o caminho e os dois tipos do ser búdico (kaya) como a fruição. Como ponto de partida, começamos a olhar para nossa percepção do mundo e nossa percepção de nós mesmos. Percebemos que muitas das nossas experiências são construções conceituais. Não há nenhuma realidade nelas porque são insubstanciais. A partir dessa compreensão, temos alguns insights sobre a verdade absoluta. Nesse sentido, usa-se a ideia dos dois níveis da verdade como ponto de partida. Quando embarcamos no caminho, a ideia de trabalhar para o benefício dos outros se torna importante. Conseguimos isso nos engajando nas ações do bodhisattva, tal como gerar compaixão. Com isso, as sementes para atingir o "corpo de forma" do Buddha (*rupakaya*) são semeadas. Ao mesmo tempo, à medida que o praticante também aumenta o insight e a sabedoria, por fim, ela se manifesta como o desdobramento completo do "aspecto da não forma" da essência búdica (*arupakaya*). O aspecto da não forma é chamado *dharmakaya*. Os três kayas são uma expansão dos dois kayas porque tanto o *sambhogakaya* quanto o *nirmanakaya* estão incluídos no "corpo de forma", enquanto o dharmakaya é o aspecto da "não forma". Portanto, temos essencialmente dois aspectos do corpo búdico, ou dois aspectos da iluminação. É a realização desses aspectos que consiste o objetivo básico ou o alvo básico do praticante.

Um estado existencial

A ideia dos três corpos não deve nos levar a pensar que existe algum tipo de entidade, ou três tipos diferentes de entidades de que estamos falando aqui. Dharmakaya (o corpo de não forma) e sambhogakaya (um dos corpos de forma) não se referem a nenhum tipo de entidade como tal, mas a um determinado estado existencial de ser. No que diz respeito à ideia de dharmakaya, ou corpo da não forma, ele é algo que está sempre presente. O dharmakaya é apenas redescoberto. Não é algo criado ou feito para se manifestar outra vez. E o mesmo pode ser dito do aspecto sambhogakaya, que tem mais a ver com a capacidade da mente de se manifestar de uma maneira capaz de expressar todas as potencialidades em relação às cinco sabedorias. Como tal, o aspecto sambhogakaya está relacionado aos poderes mentais.

O aspecto nirmanakaya é o único que foi criado outra vez. O nirmanakaya é o resultado da pessoa ter purificado seu corpo, fala e mente. Desse modo, o corpo físico deixa de ser um centro de todos os tipos de tendências negativas indesejáveis, como o desejo excessivo. Em vez disso, torna-se um meio que pode ter um extraordinário poder para trabalhar com os outros e beneficiar outras pessoas. Portanto, nirmanakaya é o aspecto físico de um ser iluminado. Diz-se que é novo porque é algo diferente.

No que diz respeito aos aspectos sambhogakaya e dharmakaya, eles já estão incorporados em cada ser senciente. É uma questão de se a pessoa é capaz de chegar a realização deles ou não.

Dupla Pureza do Dharmakaya

O dharmakaya é a configuração do que é chamado de dupla pureza. Um aspecto do dharmakaya é completamente vazio, completamente aberto. Nunca foi corrompido por experiências de conflito emocional e confusão conceitual. Portanto, há um sentido primordial de pureza. À medida que começamos a ficar limpos das deturpações do caminho, ao trabalhar com nossos conflitos emocionais e confusões conceituais, desenvolvemos o aspecto temporário da pureza do dharmakaya.

Quando começamos a perceber a dupla pureza, podemos também nos manifestar na forma do sambhogakaya. No entanto, o sambhogakaya não é algo que pode ser percebido pelos seres comuns. Precisamos ter uma mente purificada para perceber o aspecto sambhogakaya e comunicá-lo. Embora uma pessoa possa manifestar todos os tipos de poderes mentais, se os ouvintes forem limitados em sua capacidade e sujeitos a todos os tipos de ilusões, esses não serão capazes de apreciar a manifestação do sambhogakaya. É por isso que os buddhas sempre trabalham por meio do aspecto nirmanakaya, pois o nirmanakaya permite que um buddha opere fisicamente para o benefício dos outros. Um buddha é capaz de se comunicar verbal e mentalmente por meio de suas expressões físicas, que é o aspecto nirmanakaya.

Não devemos pensar que esses três kayas são totalmente independentes um do outro. Eles estão inter-relacionados e, quando desabrocham plenamente, são inseparáveis. Os aspectos de forma do sambhogakaya e do nirmanakaya se manifestam a partir do dharmakaya. Ambos os corpos de forma são, portanto, dependentes do corpo de não forma, porque essa é a origem sobre a qual esses outros dois corpos de forma estão baseados. O dharmakaya se refere a um estado de ser indiferenciado. Não podemos falar em estado de confusão ou estado de iluminação com referência a ele, porque o dharmakaya é em certo sentido atemporal e a-histórico. Nem podemos atribuir mudança ou transformação a ele, porque o dharmakaya é um estado de ser totalmente indeterminado.

Por causa de sua indeterminação, o dharmakaya pode dar origem a certas características ou aspectos determinísticos. Assim, temos o sambhogakaya e o nirmanakaya surgindo do dharmakaya. Por ser de natureza passiva, o dharmakaya não pode se manifestar como um bom meio para trabalhar com os outros e beneficiá-los. Isso é consumado por meio da realização do sambhogakaya e do nirmanakaya. A razão pela qual são chamados de "corpos de forma" não é que sejam corpos físicos reais, mas se manifestam e são determinados, em contraste com dharmakaya, que é imaterial e indeterminado.

O sambhogakaya é determinado porque se manifesta de várias maneiras. No entanto, não significa que o sambhogakaya não seja físico. O sambhogakaya dá origem ao nirmanakaya, e este último kaya é físico em sua essência. O nirmanakaya é, portanto, a manifestação do ser, a corporificação dos outros dois kayas. A realização do sambhogakaya pode se manifestar por meio do nirmanakaya, pois o nirmanakaya está situado historicamente. Podemos falar sobre Buddha Shakyamuni atingindo a iluminação em Bodhgaya, passando a dar ensinamentos em Varanasi e, por fim, atingindo o *parinirvana* (iluminação completa na morte) em Kushinagar porque estamos descrevendo o Buddha Shakyamuni em seu aspecto nirmanakaya. No entanto, não podemos atribuir qualquer tipo de temporalidade aos aspectos sambhogakaya e dharmakaya, uma vez que não estão situados historicamente. Eles estão sempre se manifestando e sempre presentes.

O sentido primordial do aspecto sambhogakaya é simbolizado por Vajradhara, o buddha primordial que é uma representação da realidade última. Ele é o detentor do cetro, ou *vajra*, que significa a veracidade perene da realidade. Não está sujeito a mudanças e transformações e não precisa ser atualizado. O vajra não pode ser transformado em algo relativo ou condicional porque é perenemente verdadeiro. Portanto, a expressão "detentor" delineia a importância de possuir o vajra, de ser capaz de manter a veracidade perene da realidade.

Sambhogakaya

Sambhogakaya é chamado *longchö dzokpe ku*, em tibetano. *Longchö* significa "fazer uso de" ou "satisfazer", *dzokpe* significa "bem-aventurança perfeita" e *ku* significa "corpo". Portanto, o reino do sambhogakaya é o estado de bem-aventurança. Está sempre imerso em um estado de incessante bem-aventurança. Diz-se que o sambhogakaya não se manifesta em nenhum tipo de localização espacial ou física. Manifesta-se em um lugar chamado Akanistha (Ogmin), que não é realmente um lugar porque não está localizado em um lugar. *Ogmin* significa "não embaixo". É um lugar que não está em lugar nenhum, que é abrangente. Como tal, Ogmin ou Akanistha refere-se à vacuidade (shunyata). O mestre Vajradhara se manifesta em Akanistha. No entanto, o sambhogakaya não incorpora os ensinamentos comuns dos três yanas, mas os ensinamentos mais essenciais do Tantrayana supremo. Esses ensinamentos são perenemente significativos, porque o significado dos ensinamentos não é relativo a situações históricas.

Esse aspecto do sambhogakaya só é perceptível a pessoas avançadas, dotadas de mentes extraordinariamente lúcidas e perceptivas. Assim sendo, os seres que realizam esse reino de Akanistha são apenas aqueles de realização avançada. Do ponto de vista do aspecto nirmanakaya, no entanto, há um personagem histórico que apresentou os ensinamentos dos três yanas em um local físico específico. Nesse contexto, então, seu público também seria formado por seres com várias capacidades, disposições e inclinações.

No entanto, diz-se que só podemos fazer essa distinção entre sambhogakaya e nirmanakaya de uma perspectiva externa. Em termos da experiência do próprio Buddha, não podemos falar sobre um precedendo o outro, ou sobre o sambhogakaya ser superior ao nirmanakaya. Nem podemos dizer que o sambhogakaya se manifestou primeiro, e o Buddha só percebeu o aspecto nirmanakaya depois. No entanto, se olharmos para isso conceitualmente, podemos fazer uma distinção entre os dois, ainda que essa distinção seja impossível no nível da experiência da realidade.

O aspecto sambhogakaya também é dotado do que chamamos de cinco coincidências auspiciosas (*phünsum tspa*). A primeira coincidência auspiciosa é a do lugar, significando que o sambhogakaya se manifesta no lugar de Akanishtha. A segunda coincidência auspiciosa é o surgimento do Buddha, ou *professor físico*. Nesse caso particular, é o aspecto nirmanakaya que está sendo mencionado, ou o professor físico, que é dotado de todos os tipos de qualidades. A terceira coincidência auspiciosa é a manifestação dos *ensinamentos*. Nesse caso, os ensinamentos se referem à essência pura das manifestações tântricas, que nem mesmo são apresentadas na forma de escrituras. Se o significado dessas instruções essenciais for praticado e realizado, a iluminação pode ser alcançada em uma vida. A quarta coincidência auspiciosa é a convergência do *público* adequado. Esse público consiste em seres como bodhisattvas, *dakas* e *dakinis* (seres masculinos e femininos espiritualmente avançados) e outros que estão avançados no caminho. A quinta coincidência auspiciosa é o *tempo*. Essa é uma condição complicada porque, em termos dos ensinamentos do sambhogakaya, ao contrário do nirmanakaya, passado, presente e futuro não são uma estrutura conceitual relevante. Não podemos falar sobre eles em termos de história. Podemos dizer que os ensinamentos do aspecto nirmanakaya do Buddha foram dados em um certo momento histórico, e podemos até mesmo especular que esses ensinamentos podem deixar de existir em algum momento. No entanto, não podemos dizer isso em referência aos ensinamentos configurados pelo sambhogakaya porque esses não estão relacionados a nenhum fenômeno histórico. Os ensinamentos sambhogakaya estão sempre presentes e, portanto, são incessantes.

O sambhogakaya tem certas qualidades em relação à coincidência auspiciosa do professor. Uma delas é chamada de "qualidade dos ramos". Ao contrário do aspecto nirmanakaya, não podemos dizer que o sambhogakaya deixa de existir. Os sete ramos que vêm a seguir são, portanto, o que distingue as qualidades do sambhogakaya daquelas do nirmanakaya, que é a outra forma do corpo do Buddha.

1. O ramo da imersão: o aspecto sambhogakaya está totalmente imerso nos ensinamentos Mahayana.
2. O ramo da coexistência: o aspecto sambhogakaya nunca foi corrompido e, portanto, manifesta-se junto com a sabedoria.
3. O ramo da plenitude: o aspecto sambhogakaya está completamente imerso na verdade.
4. O ramo da insubstancialidade: o sambhogakaya não é substancial e não possui existência inerente.
5. O ramo da compaixão infinita: o aspecto sambhogakaya está totalmente imbuído de preocupações compassivas, que se manifestam do aspecto dharmakaya. Por estar imbuído de compaixão, direciona sua atenção para outros seres scientes.
6. O ramo da não cessação: a preocupação ressonante do sambhogakaya pelos outros seres scientes está sempre presente e é incessante.
7. O ramo da manifestação perene: o sambhogakaya não pode deixar de existir e se manifesta ao longo das eras.

Tradicionalmente, diz-se que a relação entre dharmakaya, sambhogakaya e nirmanakaya é como o céu, as nuvens e a chuva. O céu corresponde ao aspecto dharmakaya, as nuvens, ao aspecto sambhogakaya, e a chuva, à manifestação nirmanakaya. Da mesma forma que o espaço ou o céu não é um produto condicionado, o dharmakaya também é algo incondicionado. Não surgiu devido a causas e condições e, portanto, é um estado indeterminado. No entanto, assim como o espaço origina as formações das nuvens, o dharmakaya dá origem às várias manifestações do sambhogakaya.

Um exemplo da maneira como os budistas entenderam o dharmakaya pode ser encontrado no texto *Düma che* (*Asamskara*), que diz que o dharmakaya é um estado que precede tanto a confusão quanto a sabedoria. Ele existe antes de quaisquer noções dualísticas terem surgido. Isso significa que antes mesmo de alguém experimentar qualquer coisa, existe esse estado de dharmakaya, esse estado incondicional que surgiu espontaneamente, não como produto de causas e condições. Esse estado é neutro porque não é positivo nem negativo: a ideia de dualidade não se aplica aqui. No entanto, ao mesmo tempo, há a presença de autoconsciência.

Esse estado do dharmakaya nunca foi corrompido por conflitos emocionais ou confusões conceituais. Portanto, não se pode falar em termos de nirvana ou samsara em relação a ele. Antes de termos qualquer ideia de buddhas ou seres sencientes, havia um estado que era absolutamente puro, não corrompido e autoconsciente. Esse dharmakaya é a base ou a matriz de todas as experiências que se manifestam. Não importa se a pessoa é um ser nos reinos do inferno ou um buddha: a presença deste substrato particular ou matriz é a mesma. Dharmakaya é o estado não diferenciado, a fonte básica para a manifestação das nossas experiências conscientes.

Dharmakaya como um estado não é uma entidade, não é uma coisa. É incondicional e permanente. É por isso que se diz que o dharmakaya não é um produto de causas e condições. No entanto, quando o dharmakaya é descrito como permanente, isso não significa que haja uma entidade que dure para sempre. O dharmakaya não é uma entidade, não é nada e não pode ser considerado permanente dessa maneira. É permanente da mesma forma que o céu pode ser considerado permanente. O céu é permanente porque é incondicional: nunca surgiu e, portanto, não pode deixar de existir.

Esse estado incondicional dá origem a todas as experiências condicionais de samsara e nirvana, confusão e sabedoria, bem como as perplexidades conceituais, os conflitos emocionais e coisas do tipo. Essas várias manifestações da mente estão relacionadas ao aspecto sambhogakaya, que também se manifesta a partir desse estado não diferenciado. Portanto, trabalhar com a mente por meio da visualização de deidades, da repetição de mantras e coisas do gênero, também é uma forma de tentar invocar a energia sambhogakaya. Se tiver sucesso com essas práticas, a pessoa pode ter diferentes tipos de visões, até mesmo aparições de muitos tipos. O sambhogakaya pode se manifestar em certas situações significativas ou simbólicas na vida de uma pessoa. A história de Naropa é um excelente exemplo dessa experiência. Naropa era professor da Universidade Nalanda, na Índia. A história conta que um dia Naropa estava passeando, quando encontrou a mulher mais feia que já tinha visto. Ela perguntou se ele conhecia os ensinamentos budistas. Ele respondeu que sim, dizendo que era professor da Universidade de Nalanda. Ela começou a cantar e dançar em resposta a essa resposta, e isso intrigou Naropa. Então ela perguntou se ele sabia o significado dos ensinamentos budistas. Desta vez, quando ele disse sim, a velha começou a chorar e chorar. Então ele se deu conta de que todo o seu entendimento era puramente intelectual ou conceitual, e que havia negligenciado completamente seu lado intuitivo. A velha feia representava os aspectos emocionais ou intuitivos da mente dele. Essa visão foi um chamado simbólico vindo da dimensão do sambhogakaya, uma experiência reveladora.

Pode-se ter uma variedade de experiências dessa natureza em termos do aspecto sambhogakaya. Diz-se que o sambhogakaya se comunica em linguagem simbólica e se manifesta não por meio de palavras, descrições e explicações, mas por meio de respostas intuitivas às experiências. Visões e sonhos são um exemplo dessa linguagem simbólica. Nesse contexto, há outra lista relacionada ao aspecto sambhogakaya, além das sete ramificações mencionadas acima. Esses são os oito tipos de poder e incrementação (*wangchuk gye*).

1. O poder e a incrementação do corpo (*ku yi wangchuk*) significa que o poder do corpo se torna tão grande que todas as coisas de natureza samsárica e nirvânica se tornam completamente subjugadas. O praticante assume total controle delas e se enriquece com todas as qualidades e coisas positivas advindas disso.
2. O poder e a incrementação da fala (*sung gi wangchuk*) significa que a capacidade de comunicação é capaz de assimilar todos os elementos verbais essenciais tanto do samsara quanto do nirvana. A pessoa se torna enriquecida e empoderada por ser capaz de fazer total uso deles.
3. O poder e a incrementação da mente (*thuk kyi wangchuk*) significa que a pessoa é capaz de integrar os poderes mentais em relação ao samsara e ao nirvana. Ela se torna empoderada e enriquecida com todas as diferentes possibilidades de manifestação mental.
4. O poder e a incrementação do milagre (*dzutrül kyi wangchuk*) significa que a capacidade de usar as três portas do corpo, da fala e da mente é tal que a pessoa não fica mais limitada pelos modos convencionais de expressão. É capaz de ir além e demonstrar poder de maneiras incomuns.
5. O empoderamento e a incrementação constantes (*küntu dro wangchuk*) significa que a pessoa é constantemente impelida para a ação, para a intenção de realizar coisas para o benefício dos outros. Novamente, a pessoa se torna totalmente dotada de variedades de poderes relacionados às qualidades samsáricas e nirvânicas.
6. O empoderamento e a incrementação do lugar (*ne kyi wangchuk*) significa que o sambhogakaya está situado em Akanistha, a esfera básica da realidade. Assim, a pessoa se torna enriquecida e empoderada, pois o sambhogakaya está inseparavelmente unido à realidade.

7. O empoderamento e a incrementação da sensualidade (dö--pe wangchuk) está conectado com a ideia de que o sambhogakaya está inseparavelmente em uníssono com sua contraparte feminina. Quer a chamemos de Mãe de Todos os Buddhas, a totalmente altruísta, Vajravarahi ou Vajrayogini, ela está sempre em constante uníssono com o sambhogakaya. A experiência do sambhogakaya está continuamente produzindo a grande bem-aventurança de estar em uníssono, que também é a expressão do Mahamudra. A pessoa é empoderada e enriquecida pela capacidade de manifestar sabedoria, ou prajna (sherap).
8. O empoderamento e a incrementação da realização de seus desejos (kye dö-pe wangchuk) significa que o sambhogakaya é intrinsecamente dotado com todas as bênçãos mundanas e supramundanas. Benefícios mundanos (lokasiddha) referem--se a capacidades como percepção extra-sensorial, clarividência, clariaudiência e telepatia. Essas habilidades são o resultado de diferentes realizações espirituais.

Nirmanakaya

Se alguém for capaz de se sintonizar com o sambhogakaya, será capaz de se manifestar na forma nirmanakaya. Diz-se que existem três tipos diferentes de nirmanakaya. Esses são o nirmanakaya dos artefatos (zo yi tulku), o nirmanakaya do nascimento (kyewe tulku) e o nirmanakaya do absoluto (chok ki tulku). O nirmanakaya dos artefatos se refere a estátuas e outros objetos sagrados venerados como símbolos religiosos. O nirmanakaya do nascimento se refere aos seres altamente evoluídos que continuam a reencarnar para o benefício dos outros. É por isso que tulkus (encarnações) são chamados tulkus, porque se manifestam em certas formas nirmanakaya para beneficiar os outros. O nirmanakaya do absoluto se refere às pessoas que realizaram totalmente a budidade. Portanto, o nirmanakaya pode se manifestar dessas maneiras diferentes.

Quatro Modos de Compaixão

Tanto o nirmanakaya quanto o sambhogakaya são direcionados para ajudar os outros. Uma vez que a pessoa foi capaz de gerar a iluminação, ela se torna automaticamente movida e impelida a trabalhar pelo benefício dos outros. As pessoas costumam perguntar como podemos trabalhar pelo benefício dos outros quando superamos completamente as noções dualísticas de todos os tipos, uma vez que não há distinção entre o objeto da compaixão e o agente da compaixão. Algumas pessoas viram nisso um problema, pois tais ações sugerem que o Buddha ainda deve estar sujeito a noções dualísticas, pensando que existem seres sencientes vivendo como objetos de sua compaixão. Tradicionalmente, no entanto, se diz que não há problema algum aqui porque a percepção que um buddha tem dos seres sencientes como um objeto de compaixão não é o resultado do pensamento dualista. O Buddha não gera compaixão com base em deliberação e planejamento. De que maneira, então, a compaixão de um buddha é gerada? Diz-se que existem quatro modos nos quais o nirmanakaya e o sambhogakaya manifestam compaixão.

O primeiro é chamado de manifestação sempre presente da compaixão. Isso significa que a compaixão é parte da propriedade de realização do sambhogakaya. A compaixão sempre esteve presente, nunca se esgota ou apenas se manifesta em um determinado ponto. A compaixão do sambhogakaya é inesgotável. Mesmo que o Buddha entre no parinirvana, a manifestação da compaixão não cessa. Mesmo que o nirmanakaya pare de se manifestar por um tempo, a energia desperta continua a se manifestar no nível do sambhogakaya. Por exemplo, é dito nos sutras que do ponto de vista do sambhogakaya, os buddhas não entram no parinirvana. Os dharmas não cessam de ser propostos, porque no nível do sambhogakaya os ensinamentos permanecem incorporados à experiência do sambhogakaya. A forma nirmanakaya apenas se manifesta e se dissolve para beneficiar os seres sencientes que estão sujeitos à preguiça. Não existe um vir a existir ou deixar de existir no nível do sambhogakaya. Nesse caso, a manifestação de compaixão está sempre presente.

O segundo modo é chamado de compaixão que se manifesta espontaneamente, sem qualquer provocação. Essa manifestação de compaixão é descrita como preocupação ressonante. Diz-se que a compaixão surge em resposta a certas situações sem qualquer julgamento, sem qualquer interpretação conceitual e sem ser baseada em preocupações dessa natureza. A imagem dada é do sol iluminando a escuridão, ou a lua sendo refletida na água. A compaixão está sempre presente dessa maneira. Ela se manifesta espontânea e automaticamente, sem impulsão ou sem ser evocada.

O terceiro modo é chamado de compaixão em termos do encontro do objeto apropriado. Somente seres capazes de responder à manifestação do sambhogakaya recebem essa compaixão. Portanto, o objeto de compaixão e o tipo de compaixão que recebem correspondem um ao outro. A compaixão do sambhogakaya e a compaixão do nirmanakaya se manifestam de uma forma que é apropriada para os tipos de pessoa que lá estão. Desta forma, os diferentes seres, com suas diferentes disposições e predileções, são capazes de receber essa compaixão dependendo do seu nível de compreensão e evolução.

O quarto modo é a compaixão que foi solicitada. Esse tipo de compaixão tem dois aspectos: a resposta compassiva que foi evocada de uma maneira geral e a compaixão que foi evocada de uma maneira mais específica. Evocar uma resposta compassiva de uma maneira geral significa que o ser iluminado que se manifesta como o aspecto sambhogakaya em vacuidade é levado a esse estado por causa da compaixão. Em outras palavras, a compaixão mantém o Buddha ativo no mundo. A resposta compassiva evocada de uma forma mais específica é a compaixão que surge em resposta a situações reais neste mundo. Por exemplo, quando o Buddha atingiu a iluminação, ele não começou a ensinar automaticamente. Ele teve que ser estimulado a ensinar e trabalhar para o benefício de outros. Dessa forma, sua compaixão se manifestou. Diz-se que qualquer pedido de compaixão ao lama ou ao yidam é a manifestação da compaixão de maneira específica.

Dois Aspectos dos Ensinamentos do Buddha

Vemos, portanto, que a compaixão pode se manifestar em relação ao sambhogakaya e ao nirmanakaya nesses quatro modos. O subproduto da manifestação da compaixão do sambhogakaya é a compaixão que se manifesta na arena pública por meio do nirmanakaya. Isso está relacionado aos ensinamentos que um ser iluminado dá, pois os ensinamentos são a forma suprema de compaixão. Os ensinamentos do ponto de vista budista têm dois aspectos. Um é chamado de *ka*, que são os ensinamentos que o Buddha deu da sua própria boca. O outro é chamado *tenjur*, que são as exegeses de comentários baseadas nos próprios ensinamentos do Buddha.

O *ka* tem três aspectos. O primeiro aspecto são os ensinamentos dados literalmente pelo Buddha (*shal ne sungpe ka*) e o segundo são os ensinamentos inspirados pelo Buddha em sua presença (*chin gyi lape ka*). A última categoria significa que embora o Buddha estivesse presente na época, ele não deu literalmente os ensinamentos, mas encorajou ou inspirou alguém que também estava presente — como Avalokiteshvara — a agir como seu porta-voz. Embora o Buddha não tenha dado literalmente os ensinamentos, eles têm a mesma autoridade que seus próprios ensinamentos, como se tivessem sido dados pela sua própria boca. Por fim, temos os ensinamentos que foram legados a outra geração de praticantes (*jesu nangwe ka*). Esses ensinamentos não foram realmente apresentados durante a vida do Buddha, mas foram invocados, redescobertos ou que receberam um novo impulso por outra geração. No entanto, é como se o impulso básico viesse do próprio Buddha.

O *tenjur*, ou exegeses de comentários, tem dois aspectos. Um é o aspecto doutrinário e o outro é o aspecto experimental. Esses dois aspectos devem estar em correspondência. Se alguém estudou os ensinamentos e os aprendeu intelectualmente, esses ensinamentos devem corresponder às suas experiências interiores. Não existe uma doutrina única que possamos chamar de ensinamento definitivo do budismo. Diz-se que, por meio de sua infinita sabedoria, da compaixão e do exercício de meios hábeis, o Buddha foi capaz de conceber muitos tipos de métodos e muitas interpretações. No entanto, existem muitos níveis de interpretação e muitos níveis de compreensão. Como diz Nagarjuna: "o Dharma do Buddha é imenso como o oceano. Dependendo das aptidões dos seres, ele é exposto de várias maneiras. Às vezes, fala de existência e, às vezes, de não existência. Às vezes, fala de eternidade, outras vezes, de impermanência. Às vezes, de felicidade, outras vezes, de sofrimento. Às vezes, de eu, outras vezes, de não eu", e assim por diante. Em seguida, ele continua: "assim são os múltiplos e diversos ensinamentos do Buddha."

Três Giros da Roda do Dharma

No ensinamento inicial do Hinayana — o primeiro giro da Roda do Dharma —, o Buddha negou a existência de um eu substancial permanente, mas não entrou em uma discussão sobre a vacuidade. No segundo giro da Roda do Dharma, os ensinamentos da vacuidade dos fenômenos são introduzidos. Aqui existe tanto a ideia de insubstancialidade ou vacuidade do eu, quanto a vacuidade dos fenômenos externos. A seguir, no terceiro giro da Roda do Dharma é introduzida a ideia de tathagatagarbha, ou natureza búdica. Nesses ensinamentos, a negação de um eu inerentemente existente, ego ou alma, está integrada a um princípio espiritual incorruptível chamado tathagatagarbha, a natureza búdica que permanece imaculada pelas paixões e confusões conceituais da mente.

Assim, diferentes níveis de ensinamentos são dados. Às vezes, esses ensinamentos parecem se contradizer e até mesmo se opor. No entanto, diz-se que os ensinamentos são apresentados dessa forma a fim de alcançar o público mais amplo. As pessoas necessitam de ensinamentos apropriados aos seus diferentes níveis de compreensão, aptidões e disposições. O Buddha deu ensinamentos de modo que o significado pudesse ser compreendido em muitos níveis. A maneira do Mahayana de resolver o problema de quais ensinamentos contêm o significado essencial do budismo e quais são periféricos e superficiais, foi introduzir a distinção entre ensinamentos interpretativos e ensinamentos definitivos.

Os ensinamentos interpretativos são chamados de *trangdön* (*niyartha*). *Trang* significa "liberar"; *dön* significa "significado". Esses ensinamentos contêm significados que foram dados com a intenção de liberar outros seres. Isso não deve ser interpretado literalmente, mas têm suas próprias funções. Por exemplo, todos os tipos de histórias fantasiosas, extraordinárias e incríveis são contadas nos sutras e shastras sobre as atividades milagrosas dos bodhisattvas. Existem ensinamentos nos quais o Buddha pode até ter dito que existe um eu, ou algo dessa natureza. Diz-se que são ensinamentos interpretativos porque são ditos com o objetivo de inspirar as pessoas. Seu significado precisa ser entendido neste contexto.

Os ensinamentos definitivos são chamados de *ngedön* (*nitartha*). Esses ensinamentos geralmente estão relacionados à vacuidade. Todos os ensinamentos desse discurso sobre a vacuidade devem ser interpretados literalmente. Do ponto de vista do Mahayana, todos os ensinamentos referentes à vacuidade devem ser considerados definitivos e todos os outros devem ser interpretados.

No entanto, ainda há um problema aqui, porque nem todas as diferentes escolas do budismo concordam sobre quais ensinamentos são interpretativos e quais são definitivos. Há algum tipo de desacordo no budismo tibetano, por exemplo. As tradições Kagyü e Nyingma do budismo tibetano entendem os ensinamentos sobre tathagatagarbha — apresentados no terceiro giro da Roda do Dharma — como sendo de significado último. No entanto, os Gelugpas diriam que esses ensinamentos sobre a natureza búdica não têm significado definitivo. Para eles, os ensinamentos tathagatagarbha foram dados apenas para que as pessoas não se assustassem com a ideia de que não têm um ego substancial. Portanto, o tathagatagarbha tem apenas um significado interpretativo em seu sistema.

De qualquer forma, todas essas diferentes variedades de ensinamentos — por mais complexos que sejam — são dados apenas para aliviar o sofrimento e a neurose das pessoas. Diz-se que existem 84 mil tipos diferentes de ensinamentos, que correspondem a 84 mil tipos diferentes de neuroses. No entanto, todos os ensinamentos devem aliviar o sofrimento das pessoas. Todos são orientados para a realização dos três kayas, ou três modos búdicos de ser.

XIII

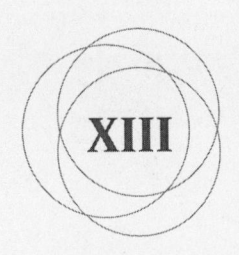

SUTRA E TANTRA
Os Níveis Tântricos de Realização

É IMPORTANTE COMPREENDER A TRADIÇÃO DO SUTRA DO MAHAYANA, PORQUE É IMPOSSÍVEL compreender o Tantra sem primeiro compreender os conceitos sútricos. Embora não haja diferença em termos do objetivo dos seguidores do Sutra e do Tantra, os ensinamentos tântricos são considerados superiores aos ensinamentos sútricos em certos aspectos importantes.

A abordagem sútrica do Mahayana é gradual e moderada, usando certos métodos durante um período para atingir o objetivo. O Tantra, no entanto, é confrontador, mais perturbador, e tem resultados mais rápidos precisamente por causa disso. Por essas razões, o Mahayana sútrico é chamado de "yana causal", ou o veículo causal, e a forma tântrica do Mahayana é chamada de "yana resultante".

Os seguidores do Sutra e do Tantra visam alcançar o "nirvana não permanente". Esse termo indica a importância de não permanecer nem na condição samsárica nem na bem-aventurança pacífica do nirvana. Essa perspectiva é distinta da visão budista inicial do nirvana, que é vista pelos praticantes do Mahayana como quietista e muito distante do mundo. O outro extremo é estar imerso nas preocupações da condição samsárica, que é permanecer em delusão. Os seguidores sútricos e tântricos da tradição Mahayana querem evitar esses dois extremos. Eles entendem que o nirvana não permanente significa estar no mundo, mas não pertencer a ele.

Embora o objetivo do Sutra e do Tantra seja o mesmo, há uma

grande diferença nos métodos usados para atingir esse objetivo. Os ensinamentos tântricos oferecem métodos que não estão disponíveis nos ensinamentos sútricos, e que são organizados em níveis de desenvolvimento. O sistema tântrico usa técnicas não encontradas nos ensinamentos dos Sutras, como visualização, recitação de mantras e trabalhar com as energias físicas do corpo. O Sutrayana é estudado por meio de livros e ensinamentos, onde a pessoa se depara com conceitos como natureza búdica e vacuidade. Uma melhor compreensão desses pontos nos ajudaria a entender o Tantra também. Encontramos também na literatura dos Sutras as noções de propensões cármicas, os cinco venenos e os quatro níveis de consciência.

Até a visualização de deidades deve ser entendida do ponto de vista sútrico. Por exemplo, uma deidade pode ter seis pernas para representar as seis paramitas. Todos esses elementos são símbolos de determinadas qualidades espirituais, que podem ser realizadas por meio de certas deidades. Desse modo, precisamos entender o que são as seis paramitas, e é nos Sutras que as encontramos descritas em detalhes.

Outro exemplo são os 51 crânios que algumas deidades usam ao redor do pescoço. Esses crânios devem representar os 51 tipos de fofoca mental subconsciente, ou o que é normalmente traduzido como "eventos mentais". Você realmente encontrará ensinamentos sútricos que listam todos os 51 eventos mentais, mas é claro que você não precisa descobrir qual crânio representa qual evento mental! As deidades devem ser entendidas simbolicamente, e esses símbolos podem ser mais bem entendidos quando temos uma compreensão das categorias conceituais sútricas a que se referem. Se não entendermos essas coisas simbolicamente, podemos chegar muito perto de praticar a demonologia.

Os métodos tântricos possibilitam lidarmos diretamente com as delusões e emoções conflitantes. Na verdade, as delusões que devem ser abandonadas e os diferentes tipos de qualidades espirituais que precisam ser cultivadas são vistos como dois lados da mesma moeda, em vez de dois tipos opostos de experiência. Por essa razão, o sistema tântrico também é chamado de tradição esotérica, não porque exista algo que deva ser mantido em segredo, mas porque a prática do tantrismo requer certos atributos do praticante. Em certo sentido, é necessário ter alguma habilidade para praticar o Tantra; caso contrário, não se obteria nenhum benefício, apesar da prática. Os ensinamentos tântricos são mantidos em segredo até certo ponto, não porque seus conteúdos não devam ser revelados, mas porque muitas pessoas não são capazes de compreendê-los.

Se alguém tiver as habilidades necessárias, é possível atingir o objetivo da iluminação em um curto espaço de tempo utilizando os métodos tântricos. Esse não é o caso do método sútrico. Em outras palavras, a diferença entre os métodos sútrico e tântrico está no uso da verdade relativa. A recitação de mantras, a visualização de deidades e outras práticas são todas formas de explorar a natureza da verdade relativa, pois permitem ao praticante entrar em contato direto com a verdade relativa. No entanto, a verdade absoluta que é realizada pelos métodos do Tantra é a mesma verdade que é discutida nos ensinamentos dos Sutras.

O sistema tântrico tem muitos nomes diferentes, como Tantrayana, Vajrayana e Mantrayana. Tantra é chamado *gyü*, em tibetano, que significa "continuidade", porque os ensinamentos tântricos enfatizam a ideia de continuidade entre a natureza interna de uma pessoa na condição de samsara e a natureza interna dessa mesma pessoa no estado de nirvana. Quando as pessoas se tornam iluminadas, elas não se descobrem sendo uma entidade totalmente diferente, porque a natureza búdica está presente desde o início. O tantrismo enfatiza a importância da natureza búdica. A palavra *vajrayana*, ou o "veículo do vajra", tem a mesma conotação. *Vajra* significa "indestrutibilidade" e, portanto, o vajra é o símbolo da indestrutibilidade, o que novamente se refere à qualidade da natureza búdica. Por exemplo, a prática de *Vajrasattv*a (uma forma de purificação tântrica usando a visualização da deidade Vajrasattva e a recitação de mantra) é a prática da natureza búdica. *Sattva* significa "mente", então *Vajrasattva* se refere à "mente indestrutível", que é a natureza búdica, ou a natureza da mente. O Vajrayana também enfatiza a importância desse conceito de natureza búdica.

Enquanto a maioria dos ensinamentos sútricos retratam o samsara como sendo o oposto do nirvana, a ênfase tântrica na natureza búdica aproxima os conceitos de samsara e nirvana. Enquanto os sutras ensinam que tudo que é samsárico deve ser abandonado e tudo que apresenta as qualidades do nirvana deve ser cultivado, no entendimento tântrico a natureza búdica é a base de todas as experiências samsáricas e nirvânicas de uma pessoa. É por isso que os conceitos de indestrutibilidade e continuidade são enfatizados no Tantra em relação à compreensão da natureza búdica.

Sexo no Tantra

O tantrismo lida diretamente com nossas experiências. As deidades pacíficas, visualizadas como sedutoras e atraentes, podem nos ajudar a lidar com o desejo, enquanto a visualização de deidades iradas pode nos ajudar a transformar a agressividade. Deturpações e delusões não precisam ser abandonadas no Tantra, pois podem ser usadas no caminho. Em um contexto tântrico, às vezes até o sexo é usado. Mas há muita confusão a esse respeito. Aqueles que desejam higienizar o tantrismo dizem que ele não faz uso do sexo, enquanto outros fazem parecer que o Tantra nada mais é do que sexo! Como de costume, a verdade está em algum ponto intermediário. Mesmo estudiosos recentes, como Lobsang Lhalungpa, o tradutor de *Moonbeams of Mahamudra* [Raios de Luar do Mahamudra] e outros textos, diz que não há espaço para sexo no Tantra. Por outro lado, Jeffrey Hopkins, um seguidor da tradição Gelupa, que normalmente não discute esse aspecto do Tantra, menciona que o uso do sexo não foi totalmente descartado, mesmo dentro da sua tradição.

Se quisermos entender o papel do sexo no tantrismo, precisamos considerar o contexto dos três mudras: *Karmamudra*, *Jnanamudra* e *Mahamudra*. Karmamudra é a prática do sexo iogue para gerar bem-aventurança. A ideia é que os métodos sexuais tornam possível superar o sentido de dualidade e, portanto, experimentar a bem-aventurança com o desejo sexual transformado em *mahasukha*, ou "grande bem-aventurança". No entanto, o mesmo efeito pode ser obtido com a prática de Jnanamudra, que significa "deidades em união". Vocês talvez já tenham visto essas deidades nas pinturas tibetanas. Elas são visualizadas no ato da união sexual para obter o mesmo objetivo e experimentar a mesma bem-aventurança que a prática de Karmamudra gera. Mas a bem-aventurança experimentada em ambos os níveis é considerada incomparável com a bem-aventurança que se pode experimentar com a prática do Mahamudra. Portanto, mesmo que alguém use métodos sexuais, não há nada de maravilhoso neles — são apenas métodos.

Níveis de Tantra

As práticas Vajrayana, ou ensinamentos tântricos, foram sistematizados em quatro categorias, e os praticantes são encorajados a seguir os ensinamentos tântricos de uma maneira sistemática e gradual. A relação que existe entre as deidades visualizadas e o praticante passará por diferentes transições, dependendo do nível de Tantra com o qual a pessoa se envolve. Até mesmo as naturezas das deidades visualizadas são diferentes: elas podem ser iradas ou pacíficas, por exemplo.

KRIYA TANTRA

O primeiro nível do Tantra é o Kriya Tantra, ou *bya gyü*, em tibetano. A prática do Kriya Tantra enfatiza os rituais, que devem ser observados com precisão e clareza. Por exemplo, é importante observar a limpeza. As pessoas que praticam o Kriya Tantra devem participar de banhos rituais e lavar seus corpos cinco ou seis vezes ao dia. Também devem seguir uma dieta vegetariana estrita. As deidades visualizadas são em sua maioria pacíficas, e a relação entre a deidade e o praticante é uma em que o praticante desempenha um papel subserviente. O praticante vê a deidade como o mestre, e ele próprio como o servo.

No tantrismo, temos centenas e até milhares de deidades, mas todas pertencem às famílias búdicas. Três famílias diferentes são mencionadas no nível do Kriya Tantra: a família Padma, ou família Lótus, a família Vajra e a família Buddha. Naturalmente, todos os buddhas estão incluídos na família Buddha. A principal deidade da família Lótus é Avalokiteshvara, e a principal deidade da família Vajra é Vajrapani.

Para praticar as visualizações e se dedicar à *sadhana* ou prática do Tantra, é necessário receber a iniciação adequada, ou *abhisheka*. De acordo com Jamgön Kongtrül, o Grande, a palavra sânscrita *abhisheka* deriva de duas fontes diferentes. A primeira é *abhikensa*, que significa "aspersão". Isso faz parte de cada iniciação que recebemos e simboliza a purificação das deturpações. A outra palavra é *abikenta*, que significa "colocar algo em um recipiente". Jamgön Kongtrül diz que isso significa que, quando as deturpações são removidas da mente, as qualidades de sabedoria podem ser colocadas dentro dela. Portanto, a verdadeira conotação de *abhisheka* é iniciação. É recebendo a iniciação que a prática se torna efetiva. Jamgön Kongtrül diz que é extremamente importante que sigamos o procedimento adequado para transmitir e receber essas iniciações. Deve ser feito com muita precisão porque, sem a iniciação, a prática não tem como ser eficaz. Por meio da transmissão e recebimento da iniciação, se estabelece um certo tipo de relação entre o mestre e o aluno. Essa relação se transforma com a iniciação e, a partir de então, não é mais comum ou insignificante. Jamgön Kongtrül diz que é comparável aos votos de casamento. Assim como a relação entre duas pessoas pode ser transformada com a cerimônia de casamento e passar a significar algo diferente do que significava no passado, também a relação entre mestre e discípulo pode ser transformada.

Existem dois tipos diferentes de iniciações no nível do Kriya Tantra. A primeira é a iniciação da aspersão de água, e a segunda é a iniciação da coroa. A iniciação da aspersão de água usa um vaso, e a iniciação da coroa é conferida com o mudra da coroa, e não uma coroa em si. As deidades visualizadas no contexto do Kriya Tantra consistem em dois tipos diferentes, porque podem ser visualizadas de forma completa ou simbólica. Em vez de visualizar uma deidade com mãos, rosto e pés em um corpo totalmente desenvolvido, pode-se visualizar a deidade simbolicamente — como um vajra, por exemplo. A deidade também pode ser visualizada na forma de uma letra do alfabeto tibetano. Por exemplo, pode-se visualizar a sílaba do coração, que é considerada o mesmo que visualizar a própria deidade. No entanto, no nível do Kriya Tantra, a relação entre o praticante e a deidade é essencialmente de desigualdade. Nós nos vemos como seres iludidos, enquanto a deidade é venerada como tendo todo o poder para nos transmitir.

CHARYA TANTRA

O praticante então prossegue para o próximo estágio, que é o Charya Tantra, ou *chö gyü*. O Charya Tantra enfatiza a importância dos estados meditativos e das observâncias rituais. *Charya* significa "prática ritual" e lida com posturas físicas e a recitação de mantras, mas também envolve o aspecto mental da meditação, que é desenvolvido com práticas de visualização. Quando se pratica a visualização de deidades no nível do Charya Tantra, ela não se baseia mais no mesmo senso de desigualdade do Kriya Tantra. As deidades são vistas mais como amigas do que seres sublimes a serem venerados, mesmo sem ter nada em comum com o praticante em termos de qualidades. Quando se diz nos ensinamentos tântricos que nós nos visualizamos como uma deidade, também se diz que devemos desenvolver algo que é chamado de "orgulho divino". Isso significa que devemos desenvolver confiança, em vez de orgulho no sentido convencional. Tudo o que procuramos já está dentro de nós, se ao menos soubéssemos como aproveitar esses recursos.

As deidades também são classificadas em três famílias búdicas no nível do Charya Tantra, conhecidas como as famílias do corpo, da fala e da mente. Exceto pelos nomes, parece não haver diferença entre as deidades reais pertencentes a essas famílias búdicas no Kriya e no Charya Tantra. Há uma pequena diferença em relação às iniciações, pois são cinco iniciações em vez de duas. Quando um estudante está pronto para praticar o Charya Tantra, precisa receber essas cinco iniciações, que consistem na iniciação da aspersão de água, da coroa, do vajra, do sino e do nome.

No Charya Tantra, as deidades são visualizadas como tendo dois aspectos, relativo e absoluto. Às vezes, o aspecto absoluto da deidade é chamado de aspecto de pureza da deidade, enquanto o aspecto relativo ou aspecto impuro é a visualização real da própria deidade. A natureza absoluta das deidades visualizadas é entendida como não sendo diferente da própria natureza búdica, ou a natureza da mente. O ponto básico é que a visualização das deidades não é absoluta, porque as deidades são uma projeção da mente.

ANUYOGA TANTRA

Do Charya Tantra, a pessoa passa para o próximo nível, que é o Anuyoga Tantra, ou *jesu naljor gyü*. Nesse nível, a pessoa confia cada vez menos na verdade relativa e visa mais à verdade absoluta. Tal como acontece com o Charya Tantra, é necessário receber cinco iniciações para praticar os Anuyoga Tantras. Essas são a iniciação da aspersão da água, da coroa, do vajra, do sino e da flor. No nível tântrico do Anuyoga, diz-se que a pessoa deve ter desenvolvido bodhichitta e feito o voto do bodhisattva, pois sem eles não se pode continuar a prática. A prática do Tantra Anuyoga envolve lidar diretamente com as delusões e as deturpações, de modo que possam se transformar nas cinco sabedorias. As cinco famílias búdicas são na verdade as representações simbólicas dessas cinco sabedorias.

Nos ensinamentos Mahayana, particularmente aqueles pertencentes ao último giro da Roda do Dharma, cinco níveis de consciência são discutidos. O primeiro nível é *alayavijnana*, ou "consciência armazenadora". Esta consciência armazenadora retém todas as propensões cármicas. Em alguns aspectos, é comparável ao inconsciente, tal como é entendido no Ocidente. Essas propensões ou tendências cármicas são chamadas de *pagchak*, em tibetano, e *varsana*, em sânscrito. *Pakchak* significa literalmente "existindo de forma oculta" ou não imediatamente consciente. Portanto, esses *pakchak*, ou traços e disposições cármicas, operam no nível da consciência armazenadora, e a consciência armazenadora se transforma no que é chamado de *sabedoria semelhante ao espelho*.

O segundo nível de consciência é chamado de ego-mente, que é *nyön yid*, em tibetano, ou *manovijnana*, em sânscrito. Por causa dessas propensões cármicas, as experiências dos nossos sentidos são filtradas pela mente do ego ou pelo nosso próprio ponto de vista subjetivo em relação a como o ego vê o mundo. A mente do ego é vista como a sede da noção do eu e de qualquer tipo de egocentrismo decorrente dessa noção. Este ego-mente se transforma na *sabedoria da equanimidade*.

O próximo nível de consciência é o que normalmente entendemos por consciência, a mente que pensa, sente e experimenta em um nível consciente, momento a momento. Essa se transforma em *sabedoria discriminativa*.

Por último, as cinco consciências dos sentidos, ou cinco impressões sensoriais que nos dão informações sobre o mundo externo, são transformadas pelo processo do Tantra Anuyoga em *sabedoria que tudo realiza*.

Tudo isso é possível por causa da quinta sabedoria, chamada *sabedoria do dharmadhatu*, ou a *sabedoria do dharmakaya*, que nada mais é do que a própria natureza búdica. A natureza búdica é a base da experiência samsárica e nirvânica. Portanto, a realização da natureza búdica se manifesta como essa sabedoria do dharmadhatu (realidade última) ou dharmakaya. Por meio da prática do Anuyoga Tantra, usamos essas técnicas para lidar diretamente com as delusões.

Quando entendidas adequadamente, essas delusões podem ser transformadas em sabedoria e, portanto, as delusões são o próprio material que constitui a sabedoria. Essa é, pelo menos, a compreensão tântrica, que é comparada ao processo alquímico de transformar chumbo em ouro. Não se faz uma distinção nítida entre o que deve ser abandonado e o que deve ser cultivado. Se a pessoa sabe lidar com coisas que normalmente dão origem a delusões, ela pode, de fato, dar origem ao insight e à sabedoria.

Às vezes, os praticantes tântricos são comparados aos pavões, não por causa de sua arrogância, mas por causa do mito indiano de que os pavões vivem de veneno. Assim como o pavão é capaz de usar o veneno como alimento, um praticante tântrico competente deve ser capaz de tomar os cinco venenos do apego, raiva, inveja, orgulho e ignorância e transformá-los nas cinco sabedorias.

De modo geral, os seres humanos têm os cinco venenos, mas geralmente um deles é predominante. Pode-se ter a raiva como o principal problema, o orgulho ou a inveja. Os cinco venenos correspondem às cinco famílias búdicas. Por exemplo, o buddha da família padma, que é de cor vermelha, representa a energia transformada do desejo. Existe um potencial espiritual positivo correspondente a cada veneno específico, e isso pode ser desenvolvido trabalhando com a energia desse veneno. É claro que nem todo mundo pertence à mesma família búdica, mas ainda assim alguém precisaria se dedicar aos tipos de práticas associadas a todas as famílias búdicas. No entanto, o mestre pode recomendar que se faça uma determinada prática, porque é preciso trabalhar com um determinado veneno. Outra maneira de explicar isso é a transformação dos cinco constituintes psicofísicos, ou os *cinco skandhas*, nas cinco sabedorias. Não há nada que precisemos abandonar. Em vez disso, podemos fazer uso de tudo para alcançar a iluminação.

O nível final do Tantra é Mahanuttarayoga Tantra, que é a "yoga suprema", e isso discutiremos no próximo capítulo.

XIV

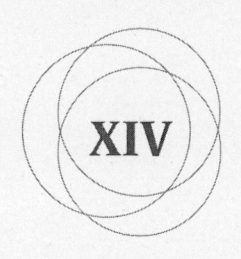

YOGA TANTRA SUPREMO

Tornando-se uma Pessoa Completa

O NÍVEL FINAL DO TANTRA, O MAHANUTTARAYOGA TANTRA, OU LA-ME CHENPO'I GYÜ, é considerado o nível supremo. É também o mais difícil de praticar. Ao contrário dos outros Tantras, neste nível o praticante lida diretamente com suas emoções conflitantes utilizando práticas como a visualização de deidades iradas. No Mahanuttarayoga Tantra, faz-se o esforço de constantemente olhar o que é assustador, o que é intimidante, o que produz desejo sexual, e assim por diante, e tentar ligar essas experiências com experiências espirituais mais libertadoras, a fim de ver essas mesmas energias como expressões de sabedoria. Por essa razão, visualizam-se deidades em união sexual e afins.

A visualização das deidades iradas desperta mais emoções do que a visualização das deidades pacíficas. Essas deidades iradas podem ser muito intimidantes. Geralmente são adornadas com crânios e usam peles de animais e coisas dessa natureza. Porém, tudo deve ser entendido simbolicamente, e é preciso entender o que esses símbolos representam em cada prática. As deidades têm certo número de cabeças ou certo número de membros por uma determinada razão, e o mesmo se aplica às peles de animais ou couros que usam. A pele humana, por exemplo, pode representar desejo; uma pele de tigre pode representar ódio; um couro de elefante pode representar ignorância. Estou simplesmente dando esses exemplos porque esses significados simbólicos não são fixos em relação a determinadas imagens. Eles variam de prática para prática e de deidade para deidade, de modo que é preciso entender o significado simbólico em cada contexto. Em todas essas práticas, a ênfase está em realizar algum tipo de casamento entre o sagrado e o profano. Com esse entendimento, a pessoa recebe as iniciações necessárias no Mahanuttarayoga Tantra, tal como nos Tantras anteriores. A primeira iniciação é a iniciação do vaso, e a primeira parte consiste na iniciação da aspersão de água, que simboliza a purificação das deturpações. Então, a iniciação da coroa é dada; de acordo com o Mahanuttarayoga Tantra, o significado dessa iniciação é que o praticante deve descobrir a qual família búdica ele pertence. A coroa dessa família búdica é então colocada na cabeça do praticante, de forma simbólica. A outra parte da iniciação do vaso consiste em colocar um vajra na cabeça do praticante, para simbolizar a inseparabilidade da vacuidade e compaixão. Além de tudo isso, um novo nome é dado ao praticante, que simboliza o fato de que o praticante está "renascendo". Essas iniciações são todas consideradas parte da iniciação do vaso.

Isso é seguido pela *iniciação secreta*, que é chamada de secreta principalmente porque autoriza a pessoa a praticar a visualização de deidades em união. O significado da união, naturalmente, é a união das dualidades de sujeito e objeto, ou sabedoria e vacuidade, ou compaixão e sabedoria. Para simbolizar a experiência de bem-aventurança, que é o resultado dessa união, a pessoa recebe pílulas medicinais de bênçãos como parte da iniciação. A mandala associada à iniciação do vaso é a mandala externa, construída em areia ou pintada sobre uma tela. A mandala da iniciação secreta não é nada física, mas mental. Isso porque a iniciação do vaso é recebida a fim de erradicar as deturpações do corpo físico, ao passo que a iniciação secreta se destina a erradicar as deturpações da palavra.

A terceira iniciação é a *iniciação da sabedoria*, que permite praticar o tummo, ou "yoga do calor místico". O ponto principal aqui é transformar a energia sexual por meio dessas práticas. A maneira como isso é alcançado depende do praticante, ou se ele ou ela é um monge ou monja, celibatário ou não celibatário. De todo modo, o objetivo básico é realizar grande bem-aventurança a partir da transformação das energias sexuais. Na prática do calor místico, por exemplo, mesmo quando praticado por celibatários, o calor místico sobe do centro do umbigo pelo canal central, até derreter o que é chamado de bodhichitta ou "essência da vida" e então desce novamente. À medida que a essência da vida desce pelo canal central, o praticante experimenta diferentes tipos de bem-aventurança em vários níveis. Quando praticado com um parceiro, é denominado karma yoga e, quando praticado por celibatários, é denominado *jnana* ou yoga da sabedoria. Em qualquer uma das abordagens, o mesmo objetivo é alcançado.

A iniciação final é chamada de *iniciação do logos*, ou palavra. Por meio da transformação da energia sexual, a pessoa atinge a experiência de bem-aventurança e, por meio da experiência de bem-aventurança, torna-se mais fácil superar a dualidade de sujeito e objeto. À medida que essa experiência de bem-aventurança se torna mais refinada, ela é transformada em grande bem-aventurança, ou *mahasukha*. (Às vezes, também é chamada bem-aventurança coemergente). Essa grande bem-aventurança coincide com a realização da natureza da mente, ou a realização do Mahamudra. Da perspectiva do Mahamudra, a natureza da mente tem três aspectos — bem-aventurança, vacuidade e não conceitualização.

A quarta iniciação é essencialmente simbólica, porque não autoriza a fazer nenhuma prática específica. A iniciação do logos, ou palavra, é um gesto simbólico que aponta a natureza da mente. A culminação da prática tem a ver com transcender quaisquer formas sutis de apego que possam restar em relação às experiências de bem-aventurança associadas às práticas da terceira iniciação. Entende-se também que as deidades visualizadas, os mantras recitados e as outras práticas realizadas eram apenas métodos oportunos e que todas essas deidades na verdade representam nada mais do que qualidades espirituais que já são inatas na própria mente. Portanto, há total transcendência de todas as fabricações conceituais.

Dessa forma, os quatro níveis do Tantra conduzem o praticante por diferentes estágios de autorrealização. Ao contrário dos métodos do Sutrayana, o tantrismo usa conflitos emocionais, bem como conceitos, a fim de ir além da delusão. A forma como os conceitos são usados é com a prática da visualização, e à medida que nos familiarizamos com essas visualizações, elas se tornam mais complexas e exigentes. Em vez de abandonar os conceitos, eles são usados. Da mesma forma, usamos as emoções conflitantes para transformá-las em suas sabedorias correspondentes. Como acontece com todas as outras práticas budistas, afirma-se que devemos abordar essas práticas passo a passo. Devemos nos preparar para essas práticas ou então alguns dos estágios mais avançados podem ser avassaladores ou perturbadores para a mente, em vez de serem de grande ajuda.

Deve-se enfatizar que precisamos ter orientação adequada para praticar esses métodos tântricos. Como o tantrismo é tão oportuno e eficaz, se perdermos o foco do Tantra, seus métodos causariam muito mais danos do que um mal-entendido dos métodos sútricos poderia causar. No entanto, se fizermos as práticas adequadamente e passarmos pelos vários estágios antes de empreendermos as práticas do Mahanuttarayoga Tantra, nossos esforços serão benéficos não apenas nesta vida, mas também no estado intermediário depois da morte. Todos os seres assustadores descritos no *Livro Tibetano dos Mortos* (*Bardo thödröl*), por exemplo, são iguais às deidades visualizadas nos Mahanuttarayoga Tantras. Isso não significa que as deidades que encontramos no estado intermediário sejam exatamente como as deidades que poderíamos ter visualizado. Mas, por meio do uso repetido das visualizações, nos lembramos que essas deidades são o produto da nossa imaginação, e não algo real, possuidor de existência independente. Essa realização pode nos ajudar na hora da morte.

Como os ensinamentos indicam, só porque sabemos que as experiências assustadoras que ocorrem durante o sono ou nos sonhos são apenas ilusões mentais, não significa que temos a capacidade de controlá-las enquanto estamos realmente vivenciando essas coisas. No entanto, por meio da prática da yoga dos sonhos — que faz parte das práticas do Mahanuttarayoga Tantra —, é possível ter controle sobre nossos sonhos. Podemos ter sonhos lúcidos e realmente perceber que tudo é um sonho enquanto estamos sonhando; portanto, se estamos tendo experiências assustadoras nesse momento, não há nada a temer.

De modo semelhante, as práticas da visualização de deidades são úteis para realizarmos a natureza da mente. Se tivermos essa realização, seremos capazes de reconhecer o que está acontecendo, mesmo durante as experiências do estado intermediário. Durante a prática do Mahanuttarayoga Tantra, visualizamos as deidades mais assustadoras que possamos imaginar, a fim de nos familiarizarmos com o lado escuro da nossa própria consciência. Os seres mais assustadores, mais grotescos e revoltantes são concebidos, todos com o significado simbólico das qualidades espirituais.

Quando dizemos que as deidades são projeções da mente, isso não significa que as deidades não tenham um certo tipo de poder em si mesmas. Penso que esse tipo de interpretação vem do entendimento ocidental de que tudo o que está fora da mente é mais real do que qualquer coisa que esteja na própria mente. Mas esse não é necessariamente o caso. Por exemplo, os delírios de um psicótico estão apenas em sua mente, mas esses delírios têm uma influência muito poderosa sobre essa pessoa. Isso também é verdade com o uso das visualizações, que podem ser imagens muito poderosas para a mente, particularmente no processo de cura. Em termos budistas, isso é expresso da seguinte maneira: do ponto de vista último, a deidade é uma projeção da mente, mas do ponto de vista relativo, como as deidades são projetadas externamente, elas têm algum tipo de existência própria. Portanto, podem ter alguma influência na mente do praticante no nível relativo. Não devemos pensar que, pelo fato de tudo ser mental, não há sentido em fazer nada disso, que tudo é perda de tempo.

O objetivo da prática tântrica é preencher a lacuna entre o consciente e o inconsciente, o sagrado e o profano e todas as outras dualidades. Somente quando fazemos isso é que podemos apreciar o propósito de visualizar deidades rasgando a carne com os dentes, banqueteando-se com um coração humano, bebendo sangue e coisas dessa natureza. A prática tântrica nos fornece um método para nos tornarmos uma pessoa completa, porque somos capazes de reconhecer tudo o que é indesejável e perturbador. Isso, eu acho, é o que significa se tornar uma pessoa iluminada.

XV

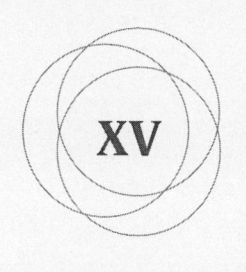

AS SEIS YOGAS DE NAROPA

Lidando com as Emoções Conflitantes

AS SEIS YOGAS FORAM DADAS AO SIDDHA INDIANO NAROPA COMO UM COMPLEMENTO DA SUA MEDITAÇÃO MAHAMUDRA DIÁRIA. Essas yogas consistem em calor místico, corpo ilusório, sonho, clara luz, bardo e transferência de consciência. As Seis Yogas visam ajudar os praticantes a lidar com os vários tipos de emoções conflitantes. Não seria apropriado falar sobre as Seis Yogas em detalhes aqui porque, para isso, seria preciso que a pessoa tivesse recebido as iniciações necessárias e concluído as práticas preliminares. No entanto, posso explicar a natureza dessas práticas e as razões pelas quais um praticante pode optar por praticá-las. Antes de iniciar a prática das Seis Yogas, é essencial completar as práticas preliminares comuns e incomuns. As preliminares comuns consistem na contemplação da impermanência, causa e efeito cármico, renascimento humano precioso e os sofrimentos do samsara. As práticas preliminares incomuns incluem prostração, Vajrasattva, mandala e Guru Yoga.

Tendo completado com sucesso as práticas preliminares necessárias, o iogue ou a ioguine pode embarcar nas Seis Yogas de Naropa. De acordo com os ensinamentos tradicionais, a yoga do calor místico é mais adequada para pessoas com imensa energia e dedicação. A yoga dos sonhos e a yoga da clara luz, por outro lado, seriam as mais adequadas para quem tem uma disposição letárgica. As yogas são praticadas de acordo com as predileções, padrões de hábitos e composição psicológica da pessoa. A prática do calor místico, por exemplo, é uma ferramenta eficaz para trabalhar com a luxúria sexual, enquanto a yoga do corpo ilusório é recomendada para pessoas com tendências agressivas. Para aqueles que são propensos a obscurecimentos e deturpações mentais, a yoga da clara luz é usada como um antídoto. A yoga do bardo é praticada a fim de nos prepararmos para nosso inevitável falecimento e para o estado intermediário depois da morte. A transferência da consciência é praticada por causa da separação do corpo e da mente no momento da morte. Por meio dessa prática, é possível se familiarizar com essa experiência de transferência da consciência enquanto a pessoa está viva.

Por intermédio da prática das Seis Yogas, o iogue ou a ioguine é capaz de gerar a experiência de grande bem-aventurança (*mahasukha*). Normalmente, experimentamos nossos desejos como a fonte de apego e fixação. Mas, com a prática, é possível transformar o que é ordinário e constritivo em algo sublime e libertador. Em seguida, os caminhos da energia psicofísica (*nadis*), a corrente de energia psicofísica (*prana*), o centro da energia psicofísica (*chakra*) e a essência vital (*bindi*) começam a funcionar em seu nível ideal, proporcionando ao praticante estratos até então desconhecidos de saúde psicossomática e vigor. As seis doutrinas de Naropa representam a maneira mais eficiente de empregar os meios hábeis (*upaya*) na prática tântrica, precisamente porque cada yoga é projetada para lidar com um determinado tipo de conflito emocional (*klesha*).

Yoga do Calor Místico (Tummo)

Para transformar a sexualidade em espiritualidade, o calor místico é praticado. Aqui, o prazer corporal e sexual comum é transformado em grande bem-aventurança. Essa experiência de bem-aventurança leva à realização da realidade última, ou vacuidade. A experiência espiritual de bem-aventurança é inseparável da vacuidade. Isso é realizado por meio do treinamento dos caminhos de energia, da energia psicofísica e da essência vital. Existem três caminhos principais de energia, um no centro, um à direita e outro à esquerda. Os caminhos de energia direito e esquerdo representam os elementos masculino e feminino. Existem também cinco centros de energia psicofísica situados em pontos específicos do corpo. O chakra da coroa está localizado na região da cabeça e é conhecido como o chakra da bem-aventurança. O chakra da pura indulgência está localizado no centro da garganta. No coração está o chakra da efusão mental. No umbigo está o chakra das manifestações criativas, e nos genitais está o chakra do prazer.

O chakra da coroa é conhecido como o centro da bem-aventurança. Mesmo durante a relação sexual normal — de acordo com os sistemas médico-espirituais tântricos — a bem-aventurança desce da região da coroa. O chakra da garganta ganhou o nome de pura indulgência porque ingerimos alimentos e bebemos por essa abertura. O chakra do coração é conhecido como o centro da efusão mental porque é dele que emanam sentimentos como atração e aversão. O chakra do umbigo é conhecido como o centro das manifestações criativas porque nele reside a força vital criativa. O calor do corpo deve fluir para suas extremidades a partir dessa região, considerada a fonte criativa da própria força vital. O chakra genital é conhecido como o centro do prazer. Nos ensinamentos é dito que, em circunstâncias normais, a experiência do prazer desce do centro da coroa, pelo centro da garganta e pelo centro do umbigo até o centro genital, onde a energia sexual é liberada. No entanto, por meio da prática tântrica, a energia sexual é deliberadamente retida e revertida, em vez de liberada. O praticante não perde o controle. Essa reversão da energia sexual é o que produz grande bem-aventurança. Esse tipo de autocontrole, sem dúvida, exige muita prática

O iogue ou a ioguine transforma as vias de energia comuns em suas contrapartes mais puras e liberadoras. O calor místico é praticado para gerar calor e, a partir do calor, é produzida a bem-aventurança. Também se diz que, além das realizações espirituais que podem resultar dessa prática, é também esperado desfrutar uma tremenda sensação de bem-estar, produzida pela equalização dos elementos. Além disso, como resultado de ter praticado o calor místico, a pessoa não é mais afetada pelos elementos extremos do calor ou do frio.

Yoga do Corpo Ilusório

A prática da yoga do corpo ilusório nos permite trabalhar com a nossa agressividade. Por meio dela, podemos perceber a natureza não substancial da hostilidade e, assim, perceber a natureza ilusória das coisas. Existem várias maneiras de contemplar a ilusão. A primeira é contemplar *objetos físicos*, a segunda é a contemplação da *fala*, e a terceira é a contemplação da *cogitação mental*. Contemplar objetos físicos significa considerá-los semelhantes aos sonhos. Quando estamos sonhando, podemos ter a sensação de que conhecemos fulano, vivemos em tal e tal casa e assim por diante. Ao acordar, percebemos que tudo o que sonhávamos era ilusório. Da mesma forma, tudo o que parece sólido e impenetrável no mundo fenomênico é, na realidade, insubstancial e desprovido de essência. Isso é o que é ser realizado por meio dessa yoga.

Yoga dos Sonhos

A prática da yoga dos sonhos tem o benefício de produzir sonhos lúcidos para que possamos nos tornar conscientes dos nossos sonhos enquanto ainda estamos dormindo. Dessa forma, até mesmo as experiências do sonho podem ser usadas para promover nosso progresso espiritual, e nenhum tempo é perdido durante as horas de vigília e de sono. Essa prática tem dois componentes: o reconhecimento dos sonhos como sonhos e a realização dos sonhos como ilusórios. Ao se familiarizar com esses dois componentes da yoga dos sonhos, o iogue ou a ioguine desenvolve a capacidade de transformar os sonhos segundo sua vontade. Assim, um pesadelo pode se transformar em um sonho agradável. Exceto pelos sonhos que são presságios de eventos futuros e similares, a maioria dos sonhos é vista como o produto da nossa herança cármica e suas tendências habituais. Há uma relação inextricável entre a yoga das deidades (visualização de deidades) e a prática da yoga dos sonhos à noite. Ambos lidam com imagens mentais, que são muito importantes para entender como funcionam as muitas permutações da mente.

Yoga da Clara Luz

À medida que o iogue ou a ioguine se torna mais proficiente na yoga dos sonhos, ele ou ela é capaz de manter a consciência durante as experiências do sonho, sem ceder à poderosa atração do torpor e da preguiça. Por meio da yoga da clara luz, o iogue ou a ioguine desenvolve imensa perspicácia e clareza mental como resultado da diminuição da influência da ignorância.

Desse modo, os praticantes das Seis Yogas praticam o calor místico e as yogas do corpo ilusório durante o dia, e meditam na yoga dos sonhos e na yoga da clara luz à noite. O calor místico e as yogas do corpo ilusório, como já mencionamos, atuam como antídotos para o desejo e a agressividade excessivos. A yoga dos sonhos é formulada para dissipar o torpor mental e o peso. Complementamos essa prática com a yoga da clara luz. O resultado dessas práticas é clareza mental e perspicácia, de modo que o iogue ou a ioguine é capaz de manter um sentido de consciência dia e noite. É por meio dessas práticas que somos capazes de transformar os cinco venenos e realizar o Mahamudra. As Seis Yogas são o método, e o Mahamudra é a finalidade.

Yoga do Bardo

A prática da yoga do bardo tem quatro divisões: o bardo natural desta vida, o bardo doloroso da morte, o bardo luminoso de dharmata e o bardo cármico do vir-a-ser.

Bardo significa "intermediário". O bardo natural desta vida inclui tudo, desde o momento do nascimento até a hora da morte. Portanto, essa vida está imprensada entre o nascimento e a morte.

De acordo com o budismo, a própria vida consiste em uma série contínua de nascimentos, mortes e renascimentos. Nesse sentido, o surgimento de um novo pensamento, uma nova situação de vida ou uma nova experiência também representa o nascimento. Quando se transformam em apenas lembranças tênues, ou no inconsciente, isso é a morte. O ressurgimento de experiências semelhantes de vida/mente representa o renascimento. Portanto, temos que nos acostumar com a nossa própria mortalidade no bardo natural desta vida. Se conseguirmos fazer isso, já estaremos nos preparando para o doloroso bardo da morte.

O DOLOROSO BARDO DA MORTE

O doloroso bardo da morte tem duas divisões: a dissolução das faculdades dos sentidos, dos órgãos dos sentidos e dos elementos externos (*jung wa*), e a dissolução dos eventos mentais internos (*sem jung*). De acordo com o sistema médico tântrico, a vida é inicialmente formada pela união dos cinco elementos. Esses mesmos elementos sustentam a vida adquirida. Eles também são responsáveis pela causa da morte. O funcionamento harmonioso entre os elementos é, portanto, essencial para a perpetuação da vida. Quando os elementos param de funcionar juntos, isso sinaliza o advento do doloroso bardo da morte.

Junto com a dissolução dos elementos está a remoção gradual da energia psicofísica do corpo. Como resultado, a pessoa morrendo experimenta dificuldades com as funções corporais normais. A primeira coisa que desaparece é a capacidade do corpo de digerir os alimentos. A pessoa não é mais capaz de comer ou beber normalmente e começa a respirar com dificuldade. Não consegue mais mover seus membros voluntariamente e perde o controle voluntário sobre seus intestinos. A mente fica delirante e confusa.

Incluída também no inventário das aflições e sofrimentos do moribundo está a dissolução dos cinco elementos. O elemento terra fornece ao corpo sua solidez e força. No momento da morte, entretanto, esse elemento se dissolve em água, o que resulta no enfraquecimento progressivo do corpo. O pescoço não consegue sustentar a cabeça, as pernas não conseguem sustentar o corpo ereto e assim por diante. Além desses sinais físicos óbvios da morte próxima, existem sinais mentais correspondentes. A mente se torna embotada, sombria e confusa.

Daí o elemento água se dissolve no elemento fogo. Uma vez que o elemento água supre o corpo com seu fluido tão necessário, a dissolução desse elemento, como é de se esperar, leva à secura da boca e da língua. A língua também fica rígida. Mentalmente, a pessoa moribunda fica agitada e ansiosa.

Isso é seguido pela dissolução do elemento fogo no elemento vento. Os sinais físicos incluem um resfriamento da boca e do nariz, pois o calor do corpo desaparece neste momento. A mente alterna entre momentos de lucidez e inconsciência e tem dificuldade em reconhecer ou identificar as coisas.

Esse processo gradual e doloroso de dissolução culmina na dissolução do elemento vento na consciência. A pessoa começa a respirar irregularmente, com exalações longas e inalações difíceis. Mentalmente, ela começa a alucinar. A natureza dessas alucinações é determinada pelas experiências de vida e pela herança cármica. As faculdades dos sentidos e o aparelho sensorial param de funcionar, de modo que não se é mais capaz de apreender objetos sensoriais ou, na melhor das hipóteses, os compreende mal.

Quando os sentidos param de funcionar, a consciência se dissolve no elemento espaço, momento em que a pessoa para de respirar. É mencionado na literatura sobre o processo da morte e do morrer que ainda existe algum calor remanescente na região do coração neste momento. Também é dito que, em certas circunstâncias raras, a pessoa pode ser ressuscitada e trazida de volta à vida. Desconsiderando-se exceções incomuns, é aqui que é traçada a linha de demarcação entre a vida e a morte. A consciência é arrancada do corpo por meio da força do karma da pessoa, e o processo de dissolução dos pensamentos densos e sutis entra em vigor. No início desse desvanecimento dos pensamentos, o falecido começa a perceber aparições de brancura, vermelhidão e escuridão.

A literatura tântrica explica dois tipos de fontes de energia vital, conhecidos como essência vital e que residem em dois locais diferentes. Um tipo de fonte de energia é a essência vital masculina, herdada do pai e localizada no córtex. A fonte de energia feminina é herdada da mãe e reside na região do umbigo. A essência masculina é branca, enquanto a essência feminina é vermelha. No momento da morte, devido ao movimento da energia psicofísica, a essência vital masculina que está localizada na região da coroa é forçada a se mover para baixo pela via energética central, que então produz a percepção de brancura no falecido. Diz-se que aparece uma brancura comparável ao luar. Em seguida, ocorre um movimento ascendente da essência vital feminina, que reside na região do umbigo. Isso produz aparições de vermelhidão comparáveis à tonalidade do brilho do sol. Por meio da colisão desses dois tipos de essência vital no chakra do coração, a pessoa que está morrendo experimenta um apagão e agora está morta, um ser desencarnado.

O BARDO LUMINOSO DE DHARMATA

As aparições das luzes branca e vermelha são tidas como luminosidade fenomênica, enquanto a experiência da clara luz nesta junção no estado pós-morte é conhecida como luminosidade básica, ou final. Essas duas formas de luminosidade estão presentes na mente enquanto natureza búdica. Como todos os fatores deturpados da mente cessaram por um curto período, o falecido tem a oportunidade de reconhecer sua natureza inata. A natureza búdica está presente em todas as pessoas, de modo que não podemos nos livrar dela, mas isso não significa que possamos reconhecê-la quando chegar a hora. É por esta razão que práticas como as Seis Yogas são realizadas.

O cultivo do insight sobre a natureza da mente é conhecido como *luminosidade filho*, e o que está inatamente presente na mente é conhecido como *luminosidade mãe*. Se o falecido é capaz de aproveitar esse momento precioso e perceber que a experiência de luminosidade nessa situação é igual a conhecer a própria natureza, então ocorre a liberação da escravidão samsárica. Deixar de reconhecer a própria natureza nesse caso levaria a todas as formas de angústia mental. Visões de seres com aparência irada, com múltiplas cabeças e múltiplos membros, aparecem no bardo. Porém, não são apenas as aparições assustadoras que aterrorizam o lastimável ser do bardo. O falecido também está sujeito aos sons mais assustadores e terríveis que se possa imaginar.

Depois de um período dessa tortura mental agonizante, o falecido se torna misericordiosamente inconsciente por causa da intensidade da experiência. Todas as manifestações anteriores desaparecem, e ele se encontra em um ambiente radicalmente diferente, onde os arredores são translúcidos, iridescentes e imbuídos de luz. Esse é um mundo povoado por seres pacíficos, régios e lindamente adornados. Isso é seguido por visões de exibições espetaculares de luz de cinco cores.

Há um ponto-chave que o falecido deve prestar atenção ao longo de toda a jornada no bardo, de modo que não seja enganado pelas aparições: ele deve ver que essas aparições são produtos da sua própria mente e, portanto, desprovidas de qualquer realidade objetiva. A prática tântrica da visualização — que inclui deidades de natureza pacífica e irada — é vista como uma ferramenta extremamente útil para nos familiarizarmos com essas várias formas de projeção mental. Se pudermos reconhecer que as aparições do bardo são produto da mente, podemos encontrar a liberação no próprio bardo. Do contrário, renasceremos devido à nossa história cármica não resolvida. Então, o bardo cármico do vir-a-ser entra em vigor.

O BARDO CÁRMICO DO VIR-A-SER

Onde e para quem nascemos e que tipo de características físicas e propensões mentais temos são em grande medida determinados por nossas ações na vida anterior e nossas atitudes na hora da morte. Assim como é possível reduzir a dor do morrer por meio da prática espiritual, também é possível diminuir o trauma do nascimento ao nascer com consciência e conhecimento. É assim que os seres altamente avançados e realizados devem nascer.

Transferência da Consciência

A yoga da transferência da consciência (*phowa*) envolve a transferência da consciência para um estado superior. A ideia é que, por meio desse treinamento, o iogue ou a ioguine será capaz de ejetar a consciência pelo chacra da coroa. Esse praticante é capaz de exercer controle voluntário sobre o sistema mente-corpo.

Espero que tenha ficado claro para o leitor que no tantrismo pode-se fazer uso de uma variedade de situações e circunstâncias para o caminho, praticado em termos de estados mentais internos ou condições ambientais externas, incluindo nossos estados mentais equivocados. Não há nada que não possa ser usado para promover os poderes espirituais da pessoa, se for usado corretamente e se ela for iniciada no método tântrico apropriado de práticas. Com certeza, minha descrição do caminho tântrico e suas práticas foi muito geral. Para seguir as práticas tântricas, a pessoa precisa receber a transmissão autêntica de um guru em quem confia. De acordo com o tantrismo, sem as devidas autorizações e transmissões, não é possível ao iniciado prosperar espiritualmente. Em outras palavras, tal indivíduo não realizará os adquiridos siddhis de um ser iluminado. Seguindo as abordagens sútricas, a pessoa pode se tornar um Arhat e um bodhisattva e, ao seguir o caminho tântrico, pode realizar o estado de um ser tantricamente realizado, ou mahasiddha.

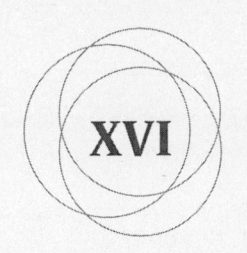

XVI MAHAMUDRA E A NATUREZA DA MENTE

Para Além da Dualidade

O CONCEITO DE MAHAMUDRA É MUITO IMPORTANTE NO BUDISMO TIBETANO, particularmente na tradição Kagyü, à qual pertenço. A palavra significa literalmente "grande selo" ou "grande símbolo". *Mahamudra* basicamente se refere à realidade última, shunyata ou vacuidade, mas também se refere à própria natureza da mente. A realidade última, que é Mahamudra, é onipresente e não diferenciada, nem sujeito nem objeto. Esse conceito não é diferente da natureza da mente em si.

Desse ponto de vista, a natureza da mente é diferente da mente à qual normalmente nos referimos na fala comum. Comumente, quando as pessoas falam em mente, elas se referem à mente que pensa, deseja e experimenta emoções. Quando falamos sobre a natureza da mente, estamos falando sobre algo que vai além de tudo isso. Como a natureza da mente é indistinguível da realidade última, que é a vacuidade, ela não se relaciona mais com o processo de pensar ou o processo de querer ou o processo de experimentar emoções. Vai além. Portanto, a natureza da mente e a realidade última são conhecidas como Mahamudra. Há esse sentido de não dualidade. Para compreender o Mahamudra, precisamos colocá-lo no contexto da tradição budista em geral.

Segundo o budismo, o objetivo final é alcançar o nirvana ou a iluminação. O nirvana é alcançado como resultado da purificação da mente, tendo superado certas deturpações e obscurecimentos da mente que afligem a consciência. Enquanto houver deturpações como raiva, inveja e todos os tipos de tendências egocêntricas, os seres sencientes, incluindo os seres humanos, continuarão a experimentar uma sensação de insatisfação, frustração e sofrimento.

Essas deturpações existem, em primeiro lugar, porque geralmente temos uma maneira muito equivocada de compreender a nós mesmos, de compreender a natureza do que consideramos nosso próprio eu. Em geral, tendemos a pensar que o eu é algo imutável, duradouro. Com base nessa construção mental, vemos tudo do ponto de vista de um eu muito estável, imutável e permanente. Evidentemente, isso pode se manifestar em relação a várias ideias filosóficas e religiosas a respeito da natureza do eu e da noção de alma, mas não precisa ter nada a ver com filosofia ou religião.

Mesmo que não acreditemos na imortalidade da alma, quase todos temos a noção de que sou "eu" quem se sente feliz, quem se sente triste, que experimenta alegria e infelicidade, e que existe algo chamado eu que sofre a multiplicidade de experiências que temos. Posso me sentir bem ou não. Eu envelheço. Há a sensação de que existe algum "eu" essencial que atura todas essas experiências. Aquele que experimenta e que tem as experiências é de algum modo mais permanente do que as próprias experiências.

Quando o budismo fala sobre não existência do ego ou do eu, não significa que o ego não exista em absoluto como uma coisa empírica. Claro que sim. No entanto, nosso sentimento quase instintivo diz, com permanente insistência, que o ego é uma simples construção mental. O ego, como tudo o mais, é impermanente. Precisamos entender o eu do ponto de vista do Caminho do Meio. Um budista não nega a existência do ego ou do eu. O eu existe no nível relativo, mas o eu como uma entidade última, como um tipo de coisa imutável e permanente, não existe. Isso não significa que as pessoas não tenham egos ou que o ego seja totalmente ilusório.

Acho que algumas pessoas interpretaram a noção budista de não existência do eu ou ausência de ego desse ponto de vista. Um budista diria que o eu é um agregado, um *skandha*. Temos a tendência de pensar que o eu é de alguma forma distinguível de nossas memórias, emoções, pensamentos e atitudes. De uma forma ou de outra, o eu permanece à distância, observando todas essas coisas acontecendo ou suportando essas experiências. Mas os budistas dizem que o eu nada mais *é* do que memórias, pensamentos, conceitos, emoções e atitudes. Junte todos esses e você terá um eu. E se tirarmos tudo isso — no budismo fazemos isso como um exercício —, se nos dissociarmos completamente do nosso corpo, de nossas memórias, pensamentos, emoções, atitudes, antecedentes e experiências, o que resta? Nada. Somos algo ou alguém precisamente porque temos essas coisas. Elas formam um agregado. Sem elas, não somos nada. Isso é vacuidade.

Já foi dito que o pensamento ocidental fala sobre o ego, enquanto o budismo ensina a não existência do ego. Mas mesmo a psicologia ocidental não faz nenhuma referência ao conceito de alma ou qualquer entidade imutável. Portanto, existem semelhanças. A psicologia ocidental também fala sobre a construção do ego, enquanto o budismo ensina a destruir o ego. Mas o budismo também fala sobre construir autoconfiança e sentimentos de valor próprio. O budismo não diz que, por meio da experiência da não existência do ego, não devemos sentir nada, que devemos nos sentir mal a nosso respeito. Em vez disso, por meio do entendimento de que o eu é impermanente, uma real apreciação dele pode ser alcançada. O eu é, portanto, algo que pode ser transformado, e não algo estático.

Enquanto não tivermos essa compreensão, continuamos a apreender coisas, a nos agarrar às coisas, a nos apegar às coisas, porque essa tendência que o ser humano tem, em termos de se agarrar ao eu, nos leva automaticamente a nos agarrar a outras coisas que estão fora de nós. Enquanto tiverem a tendência de acreditar em um eu permanente, os seres humanos vão automaticamente querer obliterar qualquer coisa considerada ameaçadora para essa noção de eu, ou querer buscar as coisas que acreditam promover a solidificação dessa noção de eu. Essas são as duas tendências fundamentais que se desenvolvem da noção de apego ao eu: aversão e desejo excessivo. Mesmo as aversões são uma forma de apego. O apego pode se manifestar até na forma de se prender à ideia de estar ressentido com alguém, agarrar-se à noção de não ser capaz de perdoar, não ser capaz de aceitar certas coisas, agarrarmo-nos aos nossos sentimentos de hostilidade e ressentimento por outras pessoas. O desejo pode ser positivo ou negativo, mas o apego, a avidez e o desejo intenso nunca podem ser positivos. Apegar-se a qualquer coisa, pelo menos do ponto de vista budista, é sempre prejudicial. Mas devemos ter o desejo de até mesmo ser capazes de atuar como seres humanos. Mesmo do ponto de vista espiritual, se não tivermos o desejo de sentar e meditar, nunca chegaremos a lugar nenhum. A menos que tenhamos o desejo de atingir a iluminação ou nos tornarmos um buddha, nunca chegaremos a lugar nenhum. A menos que tenhamos desejos, nada pode ser alcançado.

Do ponto de vista budista, não há nada basicamente errado em desejar uma boa família, querer cuidar dos nossos filhos, querer um bom relacionamento, um bom parceiro na vida, querer um bom emprego ou mesmo querer manter nosso emprego. O problema surge quando esses desejos se tornam exagerados. Quando os desejos se transformam em formas de apego e avidez e, ao mesmo tempo, se manifestam na forma de desejo intenso, isso se torna um problema.

É importante compreender que o budismo não promove a ideia de abandonar completamente os desejos. O que o budismo incentiva é a ideia de que todas as formas de desejo intenso, como avidez e apego, que são formas exageradas de desejo, devem ser abandonadas, porque, em última análise, causam sofrimento e infelicidade.

Podemos pensar que o apego ou a avidez promovem nossa felicidade. Essas ideias equivocadas vêm de uma noção equivocada sobre o eu, de pensar que o eu é uma entidade permanente e duradoura, em vez de perceber que o eu — assim como as experiências que ele vive — é impermanente e mutável e, portanto, efêmero. Se quisermos superar a experiência do sofrimento, devemos ter uma visão adequada da natureza da mente ou da natureza do eu, porque, enquanto nos agarrarmos a essa noção errada sobre o eu, vivenciaremos uma diversidade de sofrimentos.

É por isso que a meditação é tão importante. Com ela, nos tornamos mais conscientes de tudo isso. À medida que nos tornamos cada vez mais conscientes das nossas tendências, mesmo sem fazer qualquer esforço deliberado para abandonar certos hábitos, eles naturalmente desaparecerão. Na verdade, se nos esforçarmos demais para abandonar certos hábitos, eles apenas se solidificarão. Ter consciência é mais importante do que fazer muito esforço. Se nos esforçamos demais para sermos simpáticos, acabamos não sendo simpáticos! Nós nos tornamos simpáticos sendo mais conscientes de que não somos simpáticos, em vez de nos esforçarmos demais para sermos simpáticos.

Devemos ter uma compreensão adequada da impermanência. Uma apreciação real da impermanência vem da compreensão da impermanência do eu. O que consideramos como o eu, aquilo que pensamos ser imutável e constante, na verdade está em constante processo. Isso pode ser visto como uma coisa boa. A verdadeira transformação do eu pode ocorrer porque o eu não é um tipo de entidade imutável e constante. Caso contrário, qualquer tipo de mudança ou transformação do eu seria apenas aparente, não real, se o eu real fosse algo imutável e permanente. A razão pela qual precisamos desenvolver um insight adequado sobre a natureza do eu é exatamente porque a felicidade real e duradoura vem apenas disso: ter um insight da natureza do eu, da natureza da mente, e perceber o conceito equivocado de um eu imutável, permanente e duradouro.

Todos os tipos de delusões e obscurecimentos da mente surgem com esse conceito equivocado, que por sua vez nos inibe de experimentar e perceber a realidade. Por isso, desde o início, o budismo enfatizou a importância da purificação da mente, de que é importante erradicar as deturpações e obscurecimentos da mente e obter o autoconhecimento adequado, porque essa é a única maneira de alcançar a felicidade real e duradoura. Essa mesma ênfase existe nos ensinamentos posteriores do Mahayana e também nos ensinamentos do Mahamudra.

Repeti algumas dessas ideias porque os ensinamentos do Mahamudra só fazem sentido em relação ao entendimento desses insights budistas fundamentais. O budismo diz que existem dois véus: o véu da confusão conceitual e o véu do conflito emocional. Nosso pensamento e nossa experiência das emoções estão intimamente relacionados: não podemos separar os dois. Por causa de conceitos errôneos a respeito do que entendemos ser — por exemplo, a noção de que existe algo chamado eu, uma entidade duradoura e permanente —, seguem-se todos os tipos de conflitos emocionais. Quando mudamos as estruturas conceituais da mente, até mesmo as emoções se transformam.

No Ocidente, temos a noção de que emoções e pensamentos são muito diferentes e completamente opostos um ao outro. Do ponto de vista budista, isso não é verdade. O que acreditamos e como pensamos tem uma influência direta nas emoções que sentimos. Fundamentalmente, todas as nossas crenças estão ligadas à noção do eu. Um budista diria que nossas atitudes dogmáticas em relação a coisas ou pessoas — por exemplo, em relação a pessoas que pertencem a outras religiões ou outras raças — refletem nossa própria noção de um eu. As coisas são vistas como ameaçadoras ou como algo que ajudaria a consolidar a noção do eu. Mas, uma vez que toda essa ideia de um eu como uma entidade duradoura e permanente for superada, todas as tendências deturpadoras da mente diminuem, tanto no nível conceitual quanto no emocional.

A natureza da mente não é diferente da nossa mente pensante como tal, mas elas não são idênticas. A ignorância existe porque não temos insights sobre a natureza da mente. A natureza da mente não é diferente da natureza dos pensamentos e emoções que temos, mas, como não temos insight sobre a natureza dos pensamentos e das emoções, não temos insight sobre a natureza da mente.

Como obtemos um insight sobre a natureza da mente? A consciência é fundamental. Quando meditamos, não devemos pensar: "por que penso essas coisas triviais? Por que surgem essas emoções? Por que certos pensamentos e emoções negativas continuam aparecendo?". Não julgar tudo isso como coisas ruins ou terríveis das quais temos que nos livrar, mas simplesmente estar ciente delas, é a abordagem do Mahamudra. Do ponto de vista do Mahamudra, se julgarmos certas coisas como ruins ou terríveis, isso é uma forma de apego. Devemos apenas estar conscientes do que surge na meditação.

Diz-se que a natureza da mente é completamente não diferenciada e espaçosa, e é a fonte a partir da qual todas as nossas experiências surgem. É não diferenciada, no sentido de que a natureza da mente, ao contrário dos nossos pensamentos e emoções, não existe como uma entidade. Frequentemente, ela é comparada ao espaço. O espaço em si não é uma entidade, mas é por causa do espaço que surgem as nuvens e outros fenômenos. As nuvens têm características definíveis, ao passo que o próprio espaço não tem nenhuma. Mas o espaço torna possível que as nuvens estejam lá desde o início. Às vezes, a mente e sua natureza são comparadas às ondas na superfície do oceano e às profundezas do oceano. Pode-se perceber as ondas, as atividades na superfície do oceano, mas não se pode perceber a quietude e a infinitude das profundezas do oceano. No entanto, a natureza das ondas e a natureza das profundezas do oceano são a mesma, ambas são água.

De modo semelhante, nossos pensamentos e emoções têm

a mesma natureza que a natureza da mente, mas por causa da ignorância, não conseguimos apreciar. Os psicólogos e outros tentam entender a mente em relação às suas características definíveis, pensamentos e emoções. Mas existe uma outra maneira de compreender a mente, que tem a ver com a compreensão da natureza da mente.

Talvez eu deva colocar de outra maneira. Do ponto de vista do Mahayana, falamos sobre dois níveis de verdade — o relativo e o absoluto. A verdade absoluta é a vacuidade. O que isso significa é que as coisas não têm essência duradoura. Não existe uma substância que possamos identificar como sendo a essência de todas as coisas. Por outro lado, isso não significa que as coisas não existam. A natureza de todas as cadeiras e mesas que percebemos, por exemplo, é a vacuidade. O problema é que não percebemos a vacuidade das cadeiras e mesas, não percebemos que não possuem uma essência duradoura. Para perceber isso, precisamos entender que a vacuidade não existe para além de todos esses objetos, mas existe como sua própria natureza. É o mesmo com a mente. Compreendemos a natureza da mente por meio da compreensão da natureza dos nossos pensamentos e emoções.

XVII

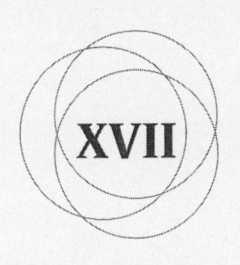

MEDITAÇÃO MAHAMUDRA

Permitindo à Mente Repousar no seu Estado Natural

OS ENSINAMENTOS DO MAHAMUDRA SÃO EXTRAÍDOS DE DUAS CORRENTES DO PENSAMENTO MAHAYANA, uma sendo o sistema Yogachara, e a outra, os ensinamentos dos Shunyavadins, que promoveram a ideia de que a realidade última é vacuidade. Na tradição budista, dizemos que precisamos erradicar certas deturpações e obscurecimentos da mente a fim de realizarmos a verdade ou realidade última. A maneira mais eficaz de atingir esse objetivo é por meio da prática da meditação.

Já discutimos os dois tipos diferentes de meditação budista, shamatha e vipashyana. Convencionalmente, a meditação da tranquilidade é apresentada de uma maneira que sugere que, à medida que a mente se torna mais focada, o meditante pode entrar em diferentes níveis de concentração, ou absorções. À medida que os pensamentos discursivos diminuem, a mente atinge diferentes níveis de absorção. Uma vez que tenhamos aperfeiçoado shamatha, se então nos engajarmos na meditação analítica vipashyana, o pensamento não mais dá origem a confusões conceituais, mas produz insights.

Por meio de shamatha, focando nossa mente em um objeto físico externo ou na respiração, podemos praticar voltar a atenção para o objeto, e com essa atenção surge a consciência alerta. Quando estamos aprendendo a meditar, se você não focar sua mente na respiração ou em algum tipo de objeto físico, mas pensar, "apenas estarei consciente do que está acontecendo na minha mente", não funciona. É por isso que é importante praticar shamatha, para que a estabilidade seja alcançada. Então, quando a consciência alerta se desenvolve, a partir dessa estabilidade e capacidade de retomar a atenção ao objeto, o aspecto da clareza da mente se torna manifesto.

Diz-se que a meditação budista é diferente de outras tradições apenas em relação à prática da meditação do insight. Outras tradições também possuem técnicas de aquietar a mente, de ajudar a mente a se tornar mais focada. Mas é com a prática da meditação do insight que percebemos que não existe algo como um eu duradouro ou permanente, e que não existe uma essência duradoura nos fenômenos físicos e mentais ou nas propriedades físicas e mentais.

O Mahamudra também faz uso dessas duas técnicas diferentes de shamatha e vipashyana, mas não é considerado importante passar por diferentes níveis de absorção ou concentração. É suficiente que tenhamos estabilizado a mente. Mesmo que não tenhamos alcançado nenhum estado final de concentração, ou não tenhamos obtido nenhum nível de absorção, a mente se tornou mais estável e menos suscetível a distrações. Podemos prosseguir com a prática meditativa do insight.

A prática meditativa do insight, de acordo com o Mahamudra, é bastante diferente das abordagens convencionais. Na tradição Mahayana, a pessoa normalmente usa o método analítico para compreender a falta de essência em todas as coisas, percebendo que tudo o que existe no reino físico e mental é um produto de causas e condições. Isso leva a uma compreensão conceitual da vacuidade, que por sua vez leva à experiência direta da vacuidade. Mas os ensinamentos do Mahamudra dizem que, se nos concentrássemos na nossa própria mente e percebêssemos a sua natureza, teríamos a realização da natureza de todas as coisas.

A abordagem sútrica normal do Mahayana usa fenômenos externos como objetos de meditação, enquanto o Mahamudra usa a própria mente como objeto de meditação analítica. Mas, mesmo em relação à mente, o Mahamudra não analisa a mente para perceber que ela tem a natureza da vacuidade. Em vez disso, por meio da contemplação, ao permitir que a mente esteja em seu estado natural, a própria mente revela ter essa natureza. Portanto, não precisamos ter uma compreensão conceitual do fato de que a natureza da mente é vacuidade. Se a mente puder estar em seu estado natural e se todos os pensamentos discursivos se acalmarem, a própria natureza da mente é revelada como vazia de essência duradoura.

Em um contexto normal, quando nos engajamos na prática da meditação, usamos diferentes antídotos para diferentes obstáculos. De acordo com o Mahamudra, não devemos nos preocupar muito com os obstáculos ou com o uso de antídotos para aquietar a mente. Devemos ter uma noção geral de que todos os obstáculos que surgem na meditação podem ser divididos em duas categorias: torpor ou sonolência e agitação mental.

Com o torpor, a mente não é perturbada pela agitação dos pensamentos discursivos ou conflitos emocionais, mas não tem um sentido de clareza. Torna-se entorpecida e, às vezes, é claro, é seguida de sonolência e adormecimento. A agitação mental é mais fácil de detectar porque nossa mente sucumbiu à influência dos pensamentos discursivos, das distrações, dos conflitos emocionais e coisas do tipo.

Em vez de usar diferentes antídotos para controlar a mente nessas situações, a abordagem do Mahamudra recomenda dois métodos: o método de contrair e afrouxar. Se a mente se tornou entorpecida, devemos contrai-la aplicando a atenção ao objeto. Devemos tentar regenerar e reabastecer o sentido de voltar a atenção ao objeto de meditação, seja qual for. Se nossa mente estiver agitada, não devemos aplicar muito essa atenção, mas devemos afrouxar a mente — em certo sentido, relaxar a atenção ao objeto ou o que quer que estejamos usando para tornar a mente mais focada.

Isso também se aplica à nossa postura. Se nossa mente se tornou entorpecida, devemos endireitar nossa coluna, expandir nosso peito e contrair o corpo, embora não com muita rigidez. Se houver agitação mental, devemos afrouxar nossa postura para nos sentirmos mais relaxados e devemos concentrar nossa mente na parte inferior do corpo.

A prática da atenção ao objeto[8] é chamada de *trenpa*, em tibetano. Literalmente significa "lembrar". Antes que a consciência alerta surja na meditação, o meditante tem que aprender a focar a mente, o que é alcançado com a prática da atenção plena. Usamos um objeto específico para praticar a atenção plena. Quando a atenção plena é praticada por um período, a consciência alerta surge como um produto da atenção plena.

Nos ensinamentos Mahamudra sobre shamatha, como iniciantes, em primeiro lugar, usamos algum objeto externo, como um pedaço de madeira, uma pedra ou qualquer tipo de objeto físico em nosso campo visual, e nos concentramos nele. Sempre que a mente se distrair, fazendo uso da atenção plena, lembramos de retornar ao objeto de meditação. Depois de fazer isso por algum tempo, podemos usar nossa própria respiração como objeto de meditação. Aplicamos a atenção plena à entrada e saída do ar. Para ajudar neste processo, podemos contar as respirações até cinco, ou onze, ou qualquer sequência que escolhermos. Cada par de respirações — entrada e saída de ar — é contado como um. A contagem ajuda a mente a ficar mais focada no objeto da meditação, que neste caso é a respiração. Se perdermos o controle da contagem quando a mente vagueia, voltamos ao início e começamos de novo.

Quando formos capazes de fazer isso com algum sucesso, passamos a usar a própria mente como objeto de meditação. Tentamos estar atentos aos pensamentos e emoções à medida que surgem, sem rotulá-los ou julgá-los, mas simplesmente observando-os. À medida que essa observação continua, a atenção plena se transforma em consciência alerta. Caso surja uma distração,

---

8. N. T. que hoje em dia chamamos de atenção plena

a pessoa se torna ciente dessa distração; se o entorpecimento ou torpor estão presentes na mente, a pessoa se torna consciente desse estado; se houver agitação mental, se torna consciente dela. Com a prática da meditação da tranquilidade, a mente se torna mais estabilizada.

Quando contemplamos a própria mente e permitimos que esteja em seu estado natural, além da estabilidade mental, também deve haver um sentido de clareza. Não é suficiente que a mente tenha se tornado estável, também é importante que haja clareza. Nos ensinamentos do Mahamudra, esses aspectos são descritos como *ne cha*, o aspecto da estabilidade, e *sal cha*, o aspecto da clareza. Uma mente estável, mas sem clareza, é deficiente. Tanto a clareza mental quanto a estabilidade devem estar presentes. Se buscarmos isso, mesmo quando os pensamentos e emoções surgirem, a estabilidade e a clareza da mente não serão perturbadas.

Manter a clareza mental, esteja a mente calma ou agitada, é a melhor forma de meditação. Meditação não significa que a mente deve estar sempre calma ou vazia de pensamentos e emoções. Se houver um sentido de estabilidade mental ou clareza mesmo quando a mente está em movimento, esse é o objetivo final. Nosso objetivo não é erradicar pensamentos e emoções, mas ser capaz de manter esse sentido de consciência, tanto em movimento quanto em estado de repouso. Os ensinamentos do Mahamudra usam expressões como *ne gyu rik sum*. *Ne* significa a mente quando está estável, quando não está agitada; *gyu* significa a mente quando está em movimento, quando surgem pensamentos e emoções; *rik* significa consciência plena, aquele sentido de clareza mental; *sum* significa três. Portanto, a consciência plena está presente quer a mente esteja em estado de repouso ou em estado de movimento. Não faz diferença.

Quando atingimos esse estado, realizamos a natureza da mente. Por meio da consciência plena, percebemos que a natureza da mente tem a dupla característica de ser vazia, porém luminosa. Em termos de sua vacuidade, a natureza da mente não é diferente de coisas não mentais, como mesas e cadeiras, porque a natureza da mesa e da cadeira é a vacuidade, e a natureza da mente também é a vacuidade. Mas, em termos do aspecto da clareza, a natureza da mente é diferente das coisas não mentais porque a natureza da mente não é apenas vazia, mas luminosa ao mesmo tempo.

Desse ponto de vista, a natureza da mente é realizada quando a mente não faz distinção na meditação entre agitação mental ou estado de repouso. Dessa forma, a mente é deixada em seu estado natural, e os pensamentos e emoções se tornam autoliberados.

Também se diz nos ensinamentos Mahamudra que não devemos pensar em pensamentos e emoções — especialmente os negativos — como sendo coisas que devamos erradicar. Se formos capazes de entender a natureza desses pensamentos e emoções, entenderemos a natureza da mente em si. Os ensinamentos comparam a relação entre a natureza da mente e as delusões com um lótus que brota da lama ou o esterco usado em uma plantação. Assim como um lótus floresce na lama, assim como o agricultor tem que fazer uso de esterco fedorento e repulsivo para cultivar um campo, analogamente a sabedoria é alcançada não pela erradicação das deturpações e obscurecimentos da mente, mas pela realização da própria natureza desses obscurecimentos.

Existe uma expressão tibetana: *nyönmong pangwa gong rol na, yeshe gyawe ming yang me*. *Nyönmong* significa "os obscurecimentos da mente"; *pangwa* significa "abandonar"; *gong rol na* significa "além de"; *yeshe* significa "sabedoria"; *ming yang me* significa "nem mesmo um nome". Basicamente se traduz como: "tendo abandonado ou erradicado a mente, não podemos falar de sabedoria. A sabedoria não é alcançada a partir da erradicação das deturpações, mas a partir da compreensão da natureza das deturpações em si mesmas".

É por isso que nos ensinamentos Mahamudra a frase "mente comum" (*thamal gye shepa*) é usada. Realizar a natureza da mente, ou natureza búdica, não envolve nos livrarmos de qualquer coisa que exista dentro da mente. Isso vem da compreensão da natureza da própria mente que temos: a mente que pensa, deseja, antecipa e sente. O problema não está em ter pensamentos, sentimentos e emoções, mas em não compreender sua natureza. Por meio da prática da meditação, a mente se torna mais estabilizada e há uma sensação de clareza mental. Assim, quando a mente é deixada por si mesma, se a consciência plena for mantida à medida que os pensamentos e emoções surgem, esses pensamentos e emoções revelam a natureza da mente, assim como a mente que está em repouso.

Do ponto de vista do Mahamudra, é importante não tentar forçar a mente a ficar mais focada. Devemos simplesmente usar os métodos suaves de contrair e afrouxar, para que a mente possa estar em seu estado natural. Se tentarmos usar técnicas de concentração, dizemos que a mente não ficou em seu estado natural. Devemos permitir que a mente esteja em seu estado natural, sem quaisquer artifícios.

Pang lang dang drelwa é outra frase usada nos ensinamentos do Mahamudra. *Pang* significa "abandonar"; *lang* significa "cultivar"; *dang drelwa* significa "livre de": "livre de qualquer pensamento sobre cultivo de qualidades mentais positivas ou abandono de pensamentos e emoções negativas". Nossa mente deve estar livre de tais preocupações. Enquanto a mente for atormentada por essas tendências de querer evitar ou abandonar certos aspectos da mente que achamos indesejáveis, e de querer buscar e cultivar os aspectos mais positivos da mente, a mente não fica em seu estado natural, e sua natureza se torna obscurecida pela interferência.

Portanto, a técnica muito simples de deixar a mente ficar em seu estado natural deve ser conduzida com a ação de contrair ou afrouxar o corpo e a mente. Mesmo esses dois métodos diferentes não devem ser feitos com extrema deliberação ou esforço. Outra expressão nos ensinamentos do Mahamudra é "deixar a mente estar em seu estado natural sem esforço". Essa ausência de esforço vem do não julgar, não pensar que os pensamentos e emoções que surgem perturbam a mente ou perturbam a meditação; mas entendendo que, enquanto nossa mente está focada e há um sentido de consciência alerta, não importa o que surge na mente — se a mente está estável e em repouso ou em um estado de movimento com pensamentos e emoções surgindo —, podemos realizar a natureza da mente.

Desta forma, nos ensinamentos do Mahamudra, tranquilidade e insight são praticados juntos. A meditação da tranquilidade é inicialmente praticada para estabilizar a mente. Então, gradualmente, mudando nosso foco dos objetos de meditação, os objetos físicos externos ou a respiração para a própria mente, o aspecto de clareza é desenvolvido. Quando entramos em meditação, esses dois aspectos estão presentes: a mente é estável e, ao mesmo tempo, luminosa. A mente é estável mesmo quando pensamentos e emoções surgem, na medida em que a consciência não é perdida. A estabilidade da mente é julgada não se a mente tem pensamentos e emoções, mas sim se a consciência alerta está presente. Quando isso ocorre, o terceiro aspecto da natureza da mente — que é chamado de bem-aventurança — se manifesta.

Em última análise, a natureza da mente tem três qualidades. A primeira, é vazia. Em segundo lugar, embora seja vazia, é luminosa, ao contrário da vacuidade das coisas físicas ou entidades. Em terceiro lugar, quando nossa mente está estabilizada e podemos manter a consciência alerta mesmo quando a mente está ocupada com pensamentos e emoções, a bem-aventurança é sentida. Durante a meditação, quando a estabilidade e a clareza estão firmadas, a bem-aventurança ocorre, porque nossa mente não é mais perturbada, mesmo quando surgem pensamentos e emoções. Esse é o aspecto da bem-aventurança. Obviamente, isso não significa que ficamos "em estado de êxtase"!

De acordo com os ensinamentos Dzogchen, ou o que às vezes

é chamado de Maha Ati, em sânscrito, a natureza da mente tem os três aspectos de vacuidade, clareza e "criatividade". A natureza da mente pode ser vazia e luminosa, mas não significa que os pensamentos e as emoções deixam de ter qualquer relevância. Praticar meditação por vários anos não significa que os pensamentos e as emoções parem de surgir na mente, mas eles não perturbam mais a mente, o que é visto como o aspecto criativo. No Dzogchen, é chamado de *tsal*, que significa "criativo" em termos das nossas experiências. Tudo na experiência do samsara e do nirvana vem do aspecto criativo da mente, no sentido de que a mente é a criadora de todos os tipos de experiências, boas e más. Como Saraha diz: "a natureza da mente é a rainha de todos os criadores, porque todas as nossas experiências de samsara e nirvana surgem dela". Tudo depende da mente, até mesmo nossa percepção do mundo físico externo depende da mente.

A própria natureza da mente é chamada de Mahamudra, porque *mahamudra*, ou "grande selo", significa que nada existe fora dela. Tudo está contido no próprio Mahamudra, porque o aspecto da vacuidade é o mesmo, tanto nos fenômenos físicos quanto mentais. Ele abrange todas as coisas.

As Quatro Yogas do Mahamudra

Como o caminho do Mahamudra é entendido como aquele que promove o caminho instantâneo em vez do caminho gradual, costuma-se dizer que, ao permanecer no estado natural da mente, a pessoa realizará o Mahamudra naquele instante. Há uma ressalva nesse tipo de afirmação, pois um praticante do Mahamudra que obteve o insight da mente não necessariamente adquiriu o insight sobre a budidade final. O praticante ainda precisa se preocupar em aprofundar essa compreensão. Como acontece com a maioria das coisas na vida cotidiana, podemos reconhecer a importância de algo, mas esse reconhecimento inicial não é suficiente para nos sustentar; com o desenvolvimento subsequente, esse reconhecimento inicial deve ser cultivado, fomentado e trabalhado para que possa amadurecer com o passar do tempo. Por essa razão, a tradição Mahamudra inclui a noção das "quatro yogas": a yoga da concentração unifocada, a yoga da não conceitualidade, a yoga de um único gosto e a yoga da não meditação.

1. A yoga da concentração unifocada é alcançada por meio da prática de *shi-ne* ou shamatha, a meditação da tranquilidade. Como todos sabemos, nossa mente está em constante estado de agitação — frenética, pronta para julgar e impulsiva em pensamento e comportamento. Por meio dessa prática, esses estados mentais e comportamentos são acalmados.

Nossa mente, no início, é comparada a uma cachoeira: não temos controle e não podemos decidir em que devemos acreditar ou escolher quais emoções sentir. Essas são dadas como certas, já estão presentes. Por meio da meditação da tranquilidade, nos tornamos mais conscientes desse estado de ser; com a prática da atenção plena, começamos a nos tornar mais conscientes de nós mesmos, não apenas em termos de nossas crenças, emoções, atitudes e sentimentos, mas também em termos do nosso comportamento. Esses estados mentais internos são traduzidos em nossos comportamentos físicos externos. Podemos então observar que tipo de estados mentais são benéficos para nosso crescimento e que tipo de estados não são benéficos: como eles geram medo, ansiedade, frustração ou sentimentos de falta de valor próprio.

Ao nos tornarmos conscientes de tais estados mentais e comportamentos, somos capazes de exercer mais controle e não ficamos à mercê dos nossos sentimentos, emoções, pensamentos e atitudes. A mente se torna mais estável e relaxada à medida que aprendemos a ser mais flexíveis, receptivos e geralmente menos paranoicos. A mente samsárica é um estado paranoico por causa de seu medo característico, ansiedade e insegurança, sempre se preocupando com o que os outros pensam de nós, se nos entendem ou nos apreciam adequadamente, e assim por diante.

Esses tipos de pensamentos podem cessar por meio da prática da meditação da tranquilidade. Portanto, a velocidade torrencial da cachoeira agora é reduzida a um rio sinuoso. Nossos pensamentos e emoções fluem com mais facilidade e seu impacto não é tão grande como no passado. Aprendemos como lidar e expressar nossos pensamentos e emoções, de modo que nossa meditação se torna um meio de empoderar a si mesmo. Não somos mais vítimas de nossos pensamentos e sentimentos. Na verdade, aprendemos como trabalhar com eles. Como um rio que flui suavemente, aprendemos a fluir com os nossos pensamentos e emoções sem sermos levados pela correnteza.

Por fim, com a prática *shi-ne*, alcança-se o estado de concentração, no qual percebemos que esses pensamentos e emoções surgem e se dissipam de volta ao estado natural de ser. É como todos os diferentes rios fluindo de volta para um destino comum — o oceano. Podemos ter nossos próprios pensamentos, emoções e sentimentos idiossincráticos e individualistas, mas todos têm a mesma origem e se dissipam de volta ao nosso estado natural de ser. Assim, a mente samsárica paranoica ou cessa a sua atividade ou não tem influência duradoura.

Dessa forma, como mencionado anteriormente, na meditação do Mahamudra, a pessoa não rejeita pensamentos e sentimentos, mas se torna consciente deles e se conecta com eles. Além disso, saber que as chamadas deturpações mentais na verdade têm sua origem em nosso estado natural de ser, saber que elas se dispersam de volta ao estado natural de ser nos permite ter confiança em nós mesmos para que pensamentos e emoções negativas não tenham poder para nos perturbar. Literalmente, fizemos as pazes com nós mesmos. É assim que a yoga da concentração unifocada é alcançada.

2. A yoga da não conceitualização não se trata apenas de superar inibições e constrições em relação às nossas experiências em termos de emoções e sentimentos, mas tem a ver com a forma como pensamos, o que pensamos, o que acreditamos e em que acreditamos. Como afirmam ensinamentos, a experiência das emoções e dos sentimentos nos conduz à nossa condição samsárica: isso significa que nós mesmos podemos encontrar a libertação da escravidão que impomos a nós mesmos. Mas precisamos ir mais longe porque, no contexto do budismo, o praticante aprende a superar não apenas as aflições emocionais, mas também a confusão conceitual, a fim de obter onisciência.

De acordo com os ensinamentos budistas, incluindo o Mahamudra, como seres humanos (não como membros de determinada raça, religião ou cultura), aderimos a muitos conceitos errôneos. Por exemplo, um ser humano de qualquer lugar teria a ideia de que existe um eu autoexistente, incontestável, ou pode acreditar em ideias e sistemas políticos ou religiosos como sendo eternos e perenemente verdadeiros, desvinculados de condições concretas, individuais, sociais, ambientais, políticas. Ora, de acordo com esses ensinamentos, nada em que acreditamos ou que nos fascina tem qualquer realidade intrínseca.

Nesse nível da yoga da não conceitualização, não somos solicitados a parar de pensar ou não acreditar em nada. Em vez disso, devemos abandonar nossas fixações sobre aquilo em que acreditamos. No Ocidente, podemos acreditar em coisas como feminismo ou democracia, mas, como budistas, embora possamos concordar com ideias das quais nos sentimos próximos e com as quais temos afinidade, em última análise, devemos não ser dogmáticos em relação a elas. Todas as questões ou ideias dependem de fatores externos, tais como a atmosfera cultural, social, religiosa ou política da época.

É por isso que os primeiros ensinamentos budistas são chamados "o barco que usamos para cruzar o oceano do samsara". O barco é importante, mas chegar à outra margem é ainda mais importante. A yoga da não conceitualização significa que o praticante aprende a não se deixar influenciar por sistemas de crenças conflitantes: embora seja capaz de aceitar algumas e rejeitar outras, a pessoa não é afetada nem mesmo por aquelas com as quais concorda. Como budistas, acreditamos na liberação ou budidade, mas não nos deixamos influenciar nem mesmo por esse sistema de crença.

3. A yoga de um único gosto está preocupada com a realização da coexistência de estados de ser mundanos contingentes e o estado liberado, inconspurcado e imaculado de liberdade e iluminação. Tendo alcançado o estado da concentração unifocada e tendo realizado a não conceitualização, o praticante precisa entender que ele ou ela ainda está sujeito à existência condicionada. Em outras palavras, ainda devemos trabalhar com o mundo fenomênico. Temos que abordar as questões sociais, questões pessoais, questões políticas e de desenvolvimento espiritual em um ambiente muito concreto e manifestamente material. Chegamos a compreender que o mundo material que nos rodeia e nos envolve não é separado e distinto do mundo transcendental da espiritualidade. A verdade última está presente em tudo com que entramos em contato. Deve-se enfatizar que o que realizamos na yoga da não conceitualização não nos levou a ignorar o mundo ou a descartar nossas experiências desse mundo como insignificantes. O mundo empírico e o mundo transcendental têm a mesma natureza porque a verdade última está presente em ambos, e em todas as nossas experiências. Isto é, seja deludida ou iluminada, existe apenas um sabor, um único gosto.

4. A yoga da não meditação (ou a yoga do nada mais a aprender) refere-se ao estado da iluminação, e essa yoga é autoexplicativa. A pessoa não está mais no caminho: o viajante finalmente voltou para casa, alcançou seu destino e realizou a verdade última. No entanto, gostaria de salientar que atingir a budidade e compreender a natureza última das coisas não significa que a pessoa iluminada não precise aprender nada formalmente, tal como francês ou sobre a filosofia de Kant. Compreender a natureza da realidade e compreender as coisas no nível empírico da vida cotidiana são coisas muito diferentes. Claro, esses dois mundos não estão em oposição, como mencionado em relação ao yoga de um único gosto. No entanto, é evidente que aquele que atingiu a verdade última não será automaticamente bem versado em todos os campos do conhecimento. Assim, "nada mais a aprender" simplesmente significa que não há mais nada a aprender sobre a verdadeira natureza da existência.

Por fim, embora a tradição Mahamudra esteja sendo apresentada como diferente do Mahayana sútrico e do Mahayana tântrico, Takpo Tashi Namgyal, no texto *Moonbeam*, afirma claramente que a abordagem Mahamudra pode ser praticada independentemente do Tantra, sem receber autorização ou iniciação tântrica. Esta é uma prática distintamente incomparável, para levar o praticante à realização final. É verdade que a pessoa se compromete com a prática tântrica para realizar o Mahamudra; entretanto, o Mahamudra não faz uso de prática da deidade, visualização ou recitação de mantras. A orientação das práticas do Mahamudra está em tentar realizar a verdadeira natureza do ser. Dessa forma, Takpo Tashi Namgyal e outros deixam bem claro que o Mahamudra pode ser praticado e cultivado separadamente do Mahayana tântrico.

Ao mesmo tempo, deve-se enfatizar que o Mahamudra é frequentemente praticado junto com as práticas sútricas e tântricas do Mahayana. Takpo Tashi Namgyal também afirma que, embora o próprio sistema Mahamudra pertença à chamada abordagem instantânea da iluminação, no entanto, mesmo dentro deste sistema, a abordagem é gradual, e isso é entendido em relação às quatro yogas do Mahamudra. O sistema das quatro yogas pode ser entendido em relação aos cinco caminhos e aos dez estágios do bodhisattva, conforme descrito anteriormente. Por exemplo, o caminho da acumulação e o caminho da aplicação do sistema sútrico correspondem à yoga da concentração unifocada. A yoga da não conceitualização corresponde ao caminho do insight. A yoga de um único gosto corresponde ao caminho da meditação no sistema sútrico. A yoga da não meditação corresponde ao nono e décimo estágios do bodhisattva, ou o caminho de nada-mais-a-aprender, que culmina no décimo primeiro bhumi ou estágio, que é igualado à obtenção da budidade.

Para concluir, podemos ver a natureza integrada de todo o espectro da filosofia e prática budista, mesmo quando há variedade e diferença em termos de visão e prática. Penso que é muito importante avaliar o sentido implícito de unidade e não pensar que uma determinada escola do budismo, ou um conjunto de práticas, está contradizendo a outra. As visualizações tântricas de deidades são formas de meditação normal, o que fica muito claro nos textos budistas. O foco na visualização de deidades faz parte da meditação shamatha; já visualizar uma deidade como sendo translúcida e não uma entidade substancial é um aspecto da meditação vipashyana. O que os textos budistas indicam claramente, mas que algumas pessoas não conseguem entender, é que é importante ver como uma forma de budismo se desenvolveu a partir de outra, em vez de pensar que houve grandes revoluções ao longo da sua história.

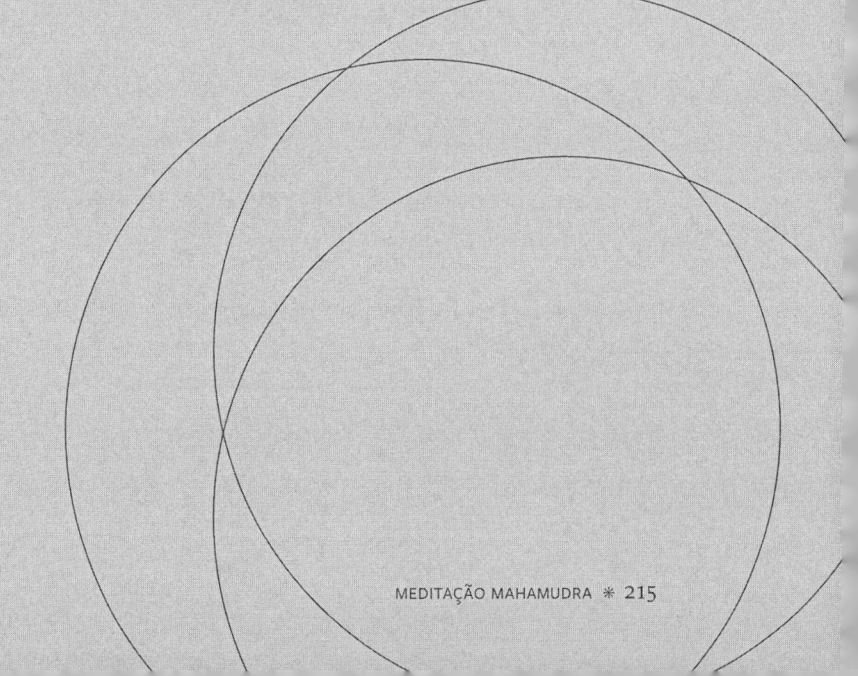

edição	1ª | junho de 2022
tiragem	2ª | julho de 2025
impressão	Gráfica Psi7
papel de miolo	Pólen natural 80 g/m²
papel de capa	cartão supremo 250 g/m²
tipografia	Le Monde Livre e FreightSans Pro

Os livros da Editora Lúcida Letra são como pontes para conectar as pessoas às fontes de sabedoria.
Para informações sobre lançamentos de livros sobre budismo e meditação acesse lucidaletra.com.br